EL CRISTIANO ATREVIDO

USANDO LA AUTORIDAD ESPIRITUAL QUE DIOS NOS HA DADO COMO CREYENTE

CHUCK DAVIS

PREFACIO POR CHARLES KRAFT

Para consultas sobre órdenes de volumen, por favor comuníquese con:
Beaufort Books
27 West 20th Street, Suite 1102
New York, NY 10011
sales@beaufortbooks.com

Publicado en los Estados Unidos por Beaufort Books
www.beaufortbooks.com

Distribuido por Midpoint Trade Books
www.midpointtrade.com

Impreso en los Estados Unidos de América

Diseño del interior por Thunder Mountain Design
Diseño de portada por Scott Sawala

Para

Ingrid, mi mejor amiga, esposa

y compañera de guerra espiritual

Y

Linnea, Christian, y Jordan,

mis tres pequeños adultos

que con valentía caminaron

con nosotros a lugares

llenos de retos por causa del Reino.

Su compañía me ha hecho fácil

el poder dirigirnos bajo el

Señorío de Jesucristo.

Contenido

Prólogo

A Satanás le asusta en gran manera que nos demos cuenta de quiénes somos y nos empecemos a comportar como debemos. Por eso, él no puede estar feliz con este libro ni con los otros pocos libros que tratan de la autoridad que tenemos como seguidores de Cristo. Chuck Davis ha abordado este tema como estudiante y como practicante del descubrimiento de lo que se trata la autoridad de un Cristiano. De una manera muy fácil de leer nos informa y nos desafía a despertar al privilegio y la responsabilidad que tenemos para vivir y ministrar en la autoridad de Jesucristo. Como él mismo señala, esta autoridad no es simplemente un don espiritual que sólo se le da a algunos, sino es parte del dote que Jesús les da a todos los creyentes. Gracias Chuck, y contigo, bendigo a todos los que lean este libro con el compromiso de practicar la autoridad que Cristo les ha dado.

Charles Kraft
Enero 2013

Prefacio

Escribí este libro con el propósito de armar a los seguidores de Cristo con una herramienta que yo creo ha estado ausente en las enseñanzas Cristianas – la autoridad espiritual. He sido bendecido al ver que esta herramienta equipa a los seguidores de Cristo para vivir proactivamente día tras día. El nuevo título de esta edición refleja los resultados adquiridos por aquellos que han tomado su autoridad en Cristo para avanzar El Reino. He añadido un capítulo de testimonios de personas que leyeron la primera edición. Estas personas observaron como sus situaciones fueron transformadas después de usar los principios del libro y pararse firmes en autoridad espiritual contra la oposición en sus vidas. También he añadido preguntas para el estudio, la exploración y discusión en grupos pequeños.

Estoy en deuda con Eric Kammann, mi editor y amigo de travesía con Cristo. Sus sugerencias para el título mientras tomabamos café en la ciudad de Nueva York han capturado la dirección e importancia de este tema.

Fe proactiva para días difíciles.

CAPÍTULO UNO

Autoridad Triunfa Sobre el Poder

Los vehículos llegan a la intersección ansiosos por atravesarla. Un camión de 20 toneladas rueda cuesta abajo hacia la misma intersección. Allí, un oficial de tránsito en medio de los vehículos convergentes levanta su mano vestida con un guante blanco: "PARE", y el camión patina hasta detenerse. ¿Por qué? El camión es claramente más poderoso que el oficial. ¡Autoridad! No es el poder físico del oficial lo que cambia las circunstancias. Es la autoridad de la insignia que lleva puesta y la soberanía del gobierno que respalda la autoridad de la insignia.

Los oficiales de tránsito no son comunes en todas las áreas del mundo, pero en los suburbios de la ciudad de Nueva York, ellos aún gobiernan la avenida principal. Cuando me mudé a este pueblo no estaba al tanto de que la autoridad investida sobre ellos incluía a los peatones. Una vez intenté cruzar el paso de peatones sin permiso del oficial y terminé con una tremenda reprendida. Desde entonces soy muy cauteloso con mis movimientos—ahora tengo claras las reglas autoritarias.

También viví en la capital de un país en el Occidente de África, donde los oficiales de tránsito estaban solamente en las esquinas más importantes. Observé diariamente un escenario similar: Un enorme camión siendo conducido hacia una intersección. El oficial de policía parado en la intersección agitando sus manos y soplando su silbato pero con un resultado diferente. El camión pasaba a toda velocidad sin ninguna preocupación. ¿Por qué? El conductor del camión actuaba con la seguridad que el **poder** tenía la última palabra porque la **autoridad** detrás del oficial de policía era dudosa. El gobierno no podía respaldar la autoridad de la insignia policial.

Yo encuentro que el mundo natural y social imita o ilustra el mundo espiritual. Jesús claramente hizo la conexión entre lo natural y lo espiritual. Su enseñanza es más bien sencilla con el uso de parábolas y matiz social, pero profunda para revelar principios espirituales. Me he dado cuenta que uno de los aspectos claves del camino como seguidor de Cristo es este concepto de **autoridad**. Vivimos en un mundo que está fundamentado en el poder. A diario somos retados por poderes que buscan interrumpir o incluso pisotear nuestro éxito en este camino. Si tratamos de ganar excediendo la oposición en poder, siempre enfrentaremos un futuro incierto y una falta de confianza llena de paz como la que está fundamentada en Cristo; ganamos cuando somos más poderosos y perdemos cuando somos menos poderosos. Sin embargo, si adoptamos el principio que Dios quiere que vivamos de la **autoridad** que Él nos ha delegado—autoridad recobrada por Cristo y pasada a nosotros—viviremos con un mayor sentido de seguridad de Dios en los misterios de la vida. ¡Esta es la Autoridad del Creyente!

¿Por Qué La Autoridad Espiritual Es Importante?

Un hombre batalla contra sus tendencias carnales y naturales. Se siente atrapado en el clamor de Pablo: "Lo que no quiero, eso hago" (Romanos 7). Trata de reprimirlas, poniendo toda su fuerza en la batalla contra sus deseos, sin éxito. Modificar su comportamiento no es la respuesta. Asiste a grupos de consejería y apoyo. Estos ayudan pero no son completamente efectivos. Se acerca a sus líderes espirituales buscando una fresca impartición del Espíritu Santo. Esto renueva su resolución pero no lo lleva a un cambio de vida a largo plazo. Luego escucha de su posición en Cristo y de la autoridad que por derecho acarrea. Cuando el impulso viene, se para con autoridad y pone a la tentación debajo de sus pies. ¡Se goza al verse triunfar!

Una mujer siente una fuerte presencia acercarse a ella en la noche mientras duerme. Se sienta sobre su pecho y la estrangula. No puede hablar, ni siquiera para decir una palabra: "Jesús." Pasa cada vez que toma la decisión de renovar su compromiso de servir a Dios o en puntos de transición en su vida. Todas las veces se siente paralizada. Le atemoriza compartir sus experiencias con otros porque una visión naturalista y mundana la ha empujado a enterrar las realidades espirituales bajo explicaciones más "razonables". Si le dice a los demás, estos pensarían que está loca o le atribuirían una razón psicológica a sus sueños. Y entonces, aprende acerca de la autoridad que ha recibido por su relación con Cristo. La próxima vez que el ataque viene a su vida, ella no habla con su propio poder sino con la autoridad que le ha sido investida. La presencia maligna huye despavorida.

Una pareja joven está perpleja por las pesadillas que despiertan a su bebe de sólo dos años todas las noches. Su hijo se despierta gritando con terror y bañado en sudor, y no puede volver a dormirse. Esto se repite por meses. Oran, piden consejo, tratan de confortarlo, hacen cualquier cosa que se puedan imaginar para ayudar a su hijo y traer cordura a su hogar. Escuchan una enseñanza acerca de su posición en Cristo, especialmente de la autoridad investida en ellos como guardianes de las puertas de su familia. Sin que el pequeño lo sepa ungen el cuarto con aceite y asumen su autoridad. Su hijo duerme bien toda la noche, y la paz es el nuevo ambiente en su casa.

He comprobado los principios de la autoridad espiritual en múltiples oficios y lugares al rededor del mundo como seguidor de Cristo. A través de mi ministerio como predicador y maestro he observado también a otros afianzarse de estos principios y los resultados han cambiado su vida radicalmente. Las historias anteriores son reales y se repiten continuamente según mi experiencia. Quiero que veas lo que está en juego. La promesa de las Escrituras es que seremos vencedores en Cristo. Aún así muchas veces nos sentimos lejos de esa realidad. A veces nuestras aparentes fallas son porque no hemos apropiado nuestra autoridad en Cristo.

Con esta introducción, debo decirte algunas de mis presunciones subyacentes para que me leas en contexto. Primero, Dios está principalmente interesado en tener una relación con nosotros, no en nuestra forma de actuar. Dios te ama tal y como eres. No puedes hacer nada para agregarle algo ni para quitarle algo a ese amor. Pero esto va un paso más allá. Dios te ama tanto que no te dejará en la condición en la que te encuentras. Su diseño es que de lo profundo de esa relación de amor con Él, tú puedas cooperar con Él para hacerte más como Jesús (conocer a Cristo) y ser su socio en el Proyecto de su reino para restaurar a otros a esa relación (hacer que conozcan a Cristo). Dios toma esta asociación en serio: A Él le gusta delegar responsabilidades y autoridad para completar la tarea. Pero ¡el objetivo nunca es tu actuación!

Segundo, uno de los trasfondos más consistentes con la narración bíblica es la Guerra Espiritual. Dos reinos están en la batalla—el reino de las tinieblas contra el reino de la luz—ambos poderosos. Desde la primera página de la Biblia hasta la última, este tema es el contexto para el intercambio entre Dios y la gente, la gente y la gente, la gente y sí mismos, la gente y el sistema mundano que le rodea, y la gente y el mundo espiritual. El reino de la oscuridad, aunque poderoso, es un reino inferior. El reino de la luz es superior pero aún necesita reforzarse para reclamar lo que le fue robado. El reino de la luz tiene una ventaja—¡la autoridad restaurada y apropiada a través de Jesucristo!

Tercero, la autoridad del creyente no es un truco o una varita mágica contra los problemas de la vida. La autoridad fluye de nuestra relación y nuestra posición en Cristo. Si tomo al Apóstol Pablo en serio, conocer a Cristo implica celebrar en la victoria de su presente estado-resucitado y algunas veces compartir en su sufrimiento, aun hasta la muerte (Filipenses 3). Debido a que Dios está más interesado en quien me estoy convirtiendo que en mi nivel de comodidad, algunas veces llegar a ser como Cristo y ayudar a otros a experimentarlo de la misma forma me va a colocar en medio de sufrimientos, penas y problemas. Misteriosamente, a veces sufrir es parte del plan de Dios para formarnos y usarnos para ayudar a otros en este mundo que está quebrantado. Por consecuencia, no acepto una teología que asegura que un seguidor de Cristo al operar con autoridad nunca va a enfrentar circunstancias desafiantes. De hecho, la Biblia sugiere sólo lo contrario. En cambio, yo quiero armarnos con autoridad para estar firmes contra la oposición y el quebrantamiento que no son parte del diseño de Dios para impartir un mayor bien a nuestras vidas y a través de ellas.

En este libro, desplegaré los principios de la autoridad

del creyente, empezando con las descripciones de este concepto teológico como está escrito en la palabra de Dios. El Capítulo Dos describirá cómo los humanos perdieron su autoridad. El Capítulo Tres va a delinear la recuperación de esta autoridad por medio de Jesucristo. El Capítulo Cuatro realzará cómo Jesús ha recuperado esta autoridad que había sido perdida para sus seguidores.

Después de ajustar el fundamento bíblico y teológico de la autoridad espiritual, ofreceré algunas reglas y guías contemporáneas para el uso de nuestra autoridad. El Capítulo Cinco ofrecerá algunos ejemplos de cómo la autoridad espiritual se vuelve útil en nuestra vida diaria. El Capítulo Seis ofrecerá algunas guías prácticas para el uso apropiado de la autoridad. El Capítulo Siete sugerirá un plan de acción para avanzar. El Capítulo Ocho contiene historias y testimonios de personas que se han apropiado de su autoridad espiritual en Cristo.

Mi propósito, es mostrar cómo los conceptos de la autoridad espiritual fluyen de lo profundo de la palabra de Dios y cómo la autoridad espiritual, una vez comprendida, se vuelve un componente vital para vivir nuestra fe cristiana como vencedores. Una comprensión y apropiación de la autoridad espiritual ha impactado mi vida profundamente y la vida de los que he tenido el privilegio de liderar a un entendimiento similar. Hay mucho en juego en la autoridad espiritual de un creyente.

¿Cuál es la mejor forma de leer *El Cristiano Atrevido*?

El libro fue desarrollado con una teología bíblica abarcando la autoridad espiritual seguida de ejemplos de como operar en nuestra propia autoridad. He deducido lo siguiente de los que han leído la primera edición. Si la noción de autoridad espiritual es nueva para usted sería mejor que primero, leas el libro en su totalidad sin estancarte en los detalles. Es una lectura muy rápida.

Vuelve a leer el libro gastando más tiempo en cada capítulo; indagando cada escritura y respondiendo las preguntas de estudio para el capítulo. Si es posible, un grupo de discusión puede ayudar a capturar los aspectos del texto que podrían pasar por alto cuando se lee a solas.

Finalmente, a lo largo de todo el proceso ponga los conceptos en práctica. Cuando y donde quiera que seas contra-atacado en tu vida espiritual – la carne, el mundo, o el reino de las tinieblas – toma una posición espiritual y verbal desde el punto de ventaja de tu posición en Cristo.

Algunos me ha informado que han leído el libro 3-4 veces y cada vez la compresión y la práctica se vuelven más natural. He estado enseñando estos conceptos durante más de veinte años en el formato actual y he descubierto nuevos aspectos de autoridad espiritual diariamente en el mundo en que vivo y en la re-lectura de la palabra de Dios.

Mi precepto   La autoridad siempre triunfa sobre el
                  poder en el mundo espiritual.

Mi convicción   Un entendimiento de la autoridad bíblica
                  mente fundamentado, es uno de los aspec
                  tos más importantes de la vida cristiana.

Mi prática   Viviendo en autoridad espiritual, he ex
                  perimentado los deleites de ver el reino
                  de Dios manifestarse frente a oposiciones
                  poderosas.

Mi visión   Invitar a cada seguidor de Cristo a aceptar
                  esta provisión de Dios.

CAPÍTULO DOS

Autoridad Perdida

Los acontecimientos de la creación en Génesis 1-3 han caído en controversia recientemente. Tanta discusión ha sido invertida en el *cómo* y el *cuándo* de los eventos de la Creación, que hemos pasado por alto los elementos más importantes de la revelación de Dios en estos textos. No es tanto un manifiesto científico, sino una descripción teológica que explica el propósito de la Creación, la mano de Dios y su diseño original en la Creación, y por qué esta parece estar fuera de equilibrio la mayoría del tiempo. Estas narraciones también introducen la noción de autoridad.

Cuando Dios creó a Adán y Eva (la humanidad), los puso en una posición de autoridad sobre el resto de la Creación. Esta autoridad está descrita en los conceptos de **señorío y dominio:**

Entonces dijo Dios: "Hagamos al hombre a nuestra imagen, conforme a nuestra semejanza; y **señoree...**

Y creó Dios al hombre a su imagen...varón y hembra los creó...

Los bendijo Dios, y les dijo: "Fructificad y multiplicaos; llenad la tierra, y **sojuzgadla**, y **señoread**...

(Selecciones de Génesis 1:26-28)

Este señorío y dominio están fundamentados en un profundo sentido de mayordomía y no en explotación o abuso. Ser creado a imagen de Dios significa que estamos diseñados para señorear de la misma manera que Él—lo cual es siempre un beneficio para aquellos que están siendo gobernados—no con manipulación ni control abusivo. Este aspecto de subyugación constructiva (no destructiva) se ve en el uso de dos verbos hebreos en Génesis 2:15, donde a los humanos se les da la tarea de cuidar el jardín. El primer verbo es abad, que puede ser traducido como "trabajo," "nutrir," "sustentar," o "esposo"; el segundo es shamar, que implica "salvaguardar," "preservar," "cuidar a," o "proteger." Estos verbos capturan la idea de los humanos trabajando al lado de Dios nutriendo el florecimiento del mundo, con una actitud de abrigo y mayordomía. Nuestro papel de mayordomos es un tema que se repite por todas las Escrituras.

Esta asignación de ejercitar la autoridad sobre el resto de la creación, también enfatiza en la acción de nombramiento descrita en la narración de la Creación en Génesis 2.

Jehová Dios formó, pues, de la tierra toda bestia del campo, y toda ave de los cielos, y las trajo a Adán para que viese como las había de llamar; y todo lo que Adán llamó a los animales vivientes, ese es su nombre.

(Génesis 2:19)

En la visión bíblica del mundo, el nombramiento es más que la asignación de una etiqueta a un objeto. El acto de darle nombre a algo implica tener autoridad sobre ese algo. Dios pudo fácilmente haberle dado nombre a aquello que Él declaró que era bueno, pero Él prefirió darle esa autoridad a los humanos. Es importante ver esta delegación de soberanía como un diseño creativo.

El Salmista recuenta este significado con un sentido de admiración que lo lleva a celebrar el nombre del Señor:

Cuando veo tus cielos, obra de tus dedos,
la luna y las estrellas que tú formaste,
Digo: ¿Qué es el hombre para que tengas de él memoria,
Y el hijo del hombre, para que lo visites?
Le has hecho poco menor que los ángeles,
Y lo coronaste de gloria y de honra.

Le hiciste señorear sobre las obras de tus manos;
Todo lo pusiste debajo de sus pies:

Ovejas y bueyes, todo ello,
Y asimismo las bestias del campo,
Las aves de los cielos y los peces del mar;
Todo cuanto pasa por los senderos del mar.
Oh Jehová, Señor nuestro,
¡Cuán grande es tu nombre en toda la tierra!

(Salmos 8:3-9)

Algunos eruditos apuntan a la sugerencia de la antici-
pación mesiánica en este Salmo. La oración "todo lo pusiste
debajo de sus pies" aparecerá más adelante en este libro
en la descripción del posicionamiento de la autoridad de
Cristo en el Cristo-evento, así también como en el posicionamiento del seguidor de Cristo. Sin embargo, el Salmista
también está observando el momento de la Creación. Este
Salmo deja claro que los humanos tienen un lugar único
en el orden creativo. Esa posición viene con la vocación de
dominio. Esta autoridad está basada en conceptos de mayordomía no de posesión; así somos llamados a gobernar a
la luz del diseño y la manera de Dios.

Privilegio Perdido y Mayordomía Complicada

Cuando Adán y Eva escogieron obedecer a Satanás en
lugar de Dios, hasta cierto punto ellos le dieron a Satanás
derecho legal de gobernar en la tierra. No es mi propósito

entrar en detalles en cuanto a la narración de la caída (Génesis 3). Solamente, voy a señalar que el orden que Dios creó del desorden, regresó a desorden a través de una estructura de autoridad usurpada. La serpiente en la narración (Satanás y el reino de las tinieblas) tienta a Adán y Eva (la humanidad) para operar en un sistema diferente al del diseño original. Esta rebelión contra el plan original la encontramos en las palabras de la tentación: "¿Conque Dios os ha dicho...?" (Génesis 3:1).

Los resultados son sencillos: una relación rota, expresada en la vergüenza y el esconderse (3:8); una vida de lucha, arraigada en el dominio del poder contra la autoridad espiritual (3:16), y el trabajo experimentado como una fatiga maldita en lugar de una mayordomía (3:17-19). A través de la introducción de, y la obediencia a, otro gobernante, la cooperación natural con Dios de ejercitar su autoridad se volvió una lucha antinatural.

Mas allá de la enemistad que se introdujo al sistema, se estableció una nueva estructura de autoridad. A Satanás se le dio un nivel nuevo de autoridad en la transacción. El derecho legal y la transferencia de señorío que sucedió en este evento, se asume en los muchos títulos que se le dan a Satanás en la Biblia. Satanás se convirtió en

"el príncipe de este mundo" (Juan 12:31, 14:30, 16:11),

"el príncipe de la potestad del aire" (Efesios 2:2) y

"el dios de este siglo" (2 Corintios 4:4).

La narración bíblica declara directamente, "el mundo entero está bajo el maligno" (1 Juan 5:19). La palabra que se traduce como "mundo" en esta instancia es *cosmos* (χοσμοσ) y tiene tres significados básicos cuando se usa en el Nuevo Testamento, dependiendo del contexto:

(1) la tierra o creación (Ver Juan 17:24),
(2) la gente del mundo (Ver Juan 3:16) o
(3) el sistema del mundo que se opone al diseño de Dios.

(Ver Efesios 2:1-3).

En el contexto de 1 Juan 5:19, el tercer significado tiene más sentido porque lo que Satanás controla y gobierna, son los sistemas mundanos que están en oposición con las acciones de los hijos de Dios. Él no tiene control de toda la tierra ni de toda la gente. La clave es la cuestión de gobierno y control. Satanás usó esta autoridad robada cuando tentó a Jesús en Lucas 4. Le mostró a Jesús los reinos del mundo (definición (3): Sistemas) y declaró: "te daré toda esta potestad *[la autoridad]*... porque a mí me ha sido entregada, y a quien quiero la doy" (4:6). Esto no era falsa fanfarronería. Quienes lo interpretan así fallan en ver que la autoridad de Satanás no se la dio Dios sino los humanos.

Este intercambio de derechos legales convirtió nuestra

mayordomía en conflicto y poder. Nos encontramos pele-
ando para recuperar lo que era nuestro por derecho al momento de la Creación. El apóstol Pablo describe su propio
llamado en Hechos 26:18:

> Para que abras sus ojos, para que se conviertan de
> las tinieblas a la luz, y de la potestad de Satanás a
> Dios, para que reciban por la fe que es en mí [Cris-
> to], perdón de pecados y herencia entre los santi-
> ficados.

Los lazos entre las tinieblas y el poder de Satanás son ob-
vios. Ese poder es substancial y es investido con un nivel de
autoridad que los humanos perdieron en la Caída.

Una distinción importante es que Satanás se robó nuestra autoridad (de los humanos), no la autoridad de Dios. A
la larga toda autoridad fluye del trono de Dios, pero el diablo no usurpa la autoridad de Dios; él usurpa nuestra autoridad como mayordomos de la creación. No creemos en
dualidad, en dos poderes independientes pero iguales que
sugiere que Satanás es pelo a pelo con Dios. Satanás es un
ángel caído, creado por Dios y en rebelión contra Dios. La
batalla cósmica entre su reino y el de Dios es intensa. Misteriosamente, Dios le permite a la autoridad usurpada por
Satanás ser usada para oponerse contra el buen propósito
creativo de Dios. La Biblia repetidas veces nos recuerda que
el seguidor de Cristo opera en medio de este conflicto.

Parcialidad Antiautoridad en el Contexto Estadounidense y de Otras Culturas

Los estadounidenses tienen una parcialidad profundamente arraigada contra la autoridad. Asumimos que la jerarquía y las nociones de autoridad que vienen de la jerarquía son malas. Esta reacción profunda tiene sus raíces en nuestra historia, cultura y estructura social contemporánea. Más recientemente, la cultura pop y las tendencias de abuso de autoridad han fortalecido esta reacción contra la autoridad.

Históricamente, nuestra nación fue fundada por rebelión. Los primeros colonizadores dejaron las autoridades políticas y religiosas opresivas en Europa para adoptar lo que fue declarado como "libertad para todos." En el mero núcleo de esta emigración había una declaración en contra de la autoridad jerárquica. Esta posición en contra de la autoridad es necesaria a veces. Jesús y Martin Luther King Jr. se opusieron a las autoridades religiosas y políticas de sus días para producir un bien mayor. Ambos hicieron esto a la manera del reino de Dios (ver Mateo 5-7). Sin embargo, cualquier acción, aunque se tome por las razones correctas, tiene el potencial de oscilar demasiado lejos y tener consecuencias negativas.

Uno de los valores culturales y sociales centrales desde el inicio de la historia americana es la dignidad de todos los seres humanos. Esto está expresado en el ideal de relaciones igualitarias y en el individualismo. A través de los años, la idea del individualismo se ha desplazado del valor individual a la autonomía individual. El individualismo de los padres estadounidenses fue fundado en responsabilidad comunitaria. El individuo tenía valor y autonomía, con el fin de usar esta posición para un mayor bien común. Con el tiempo esta independencia se volvió un individualismo sobreexpresado y una sospecha en la jerarquía y las posiciones de autoridad.

La respuesta de la cultura pop llegó en un movimiento antiautoritario que fue la consecuencia natural del mal uso de poder por las autoridades en los Estados Unidos. A final de los años 1950 y en los años 1960, con la ayuda de la prensa, el mal uso de la autoridad política, religiosa y empresarial fue expuesto. Al mismo tiempo, el post-modernismo legitimó el cuestionamiento de lo que siempre asumimos era la verdad. Este cuestionamiento era bueno y necesario. Pero, aunque originalmente fue hecho por las razones correctas, este cuestionamiento ha oscilado demasiado y se ha convertido en un espíritu de cinismo hacia cualquier noción de autoridad o beneficio de orden jerárquico. Este sentimiento antiautoritario, se ha convertido en una parte de nuestros valores fundamentales mucho mayor de lo que creemos.

Es importante, reconocer estos reflejos profundamente arraigados en nosotros ya que pueden ser piedras de tropiezo, para vivir una estructura de autoridad restaurada por adherencia a principios bíblicos. La autoridad no es mala, pero el mal uso de la autoridad lo es. Uno de los pasos del proceso de restauración de la estructura original de autoridad, es que usemos la autoridad apropiadamente—a la manera de Jesús. (El Capítulo 6 ofrecerá las guías practicas para usar la autoridad a la manera del Reino de Dios).

El botín en la batalla entre el reino de las tinieblas y el reino de la luz es territorio terrenal y lo más importante, la gente que tiene la imagen de Dios. Dios quiere y nos invita a ser parte del proceso de restauración—para volver a ejercer autoridad y retomar lo que legítimamente fue creado para reflejar la gloria (la luz) de Dios y no el estado caído (las tinieblas).

Perspectiva Balanceada de Satanás y el Reino de las Tinieblas

Es importante a estas alturas de la discusión estar seguros de que tenemos un entendimiento claro de la naturaleza de Satanás y su obra. C.S. Lewis, en su obra clásica *Cartas del Diablo* a su sobrino , advierte de dos peligros que descansan en los lados opuestos de una secuencia: sobreestimar y, de igual forma, subestimar el poder de Satanás y el reino de las tinieblas. Sobreestimar a Satanás es vivir un miedo injustificado, que nos aleja de nuestro enfoque principal en Cristo. Subestimar a Satanás es vivir en negación del peligro, lo cual nos deja víctimas de ataques que por el contrario serían fáciles de resistir, y que doblega la invitación que Dios nos hace a ser victoriosos y pro-activos.

La autoridad de Satanás y su habilidad para actuar son limitadas. Él claramente se encuentra bajo la autoridad de Dios. Este principio se declara en la historia de Job, donde Satanás debe obtener permiso de Dios para impugnar a Job (Job 1:6-12, 2:6). Esta narración es difícil de comprender completamente. La pregunta obvia es, ¿por qué Dios le otorga ese permiso? Un buen número de mis estudiantes han planteado la pregunta de otra forma: "¿Por qué Dios no pisoteó a Satanás y ya?" La respuesta más sencilla es que el permiso de Dios es un misterio, y no estoy seguro de que la razón humana podría proponer una respuesta más satisfactoria. Muchas de la preguntas más grandes de la vida permanecen sin respuesta, y esto es capturado en el diálogo que se desarrolla entre Dios y Job: "¿Dónde estabas tú cuando yo fundaba la tierra? Házmelo saber, si tienes inteligencia" (Job 38:4). Estas preguntas sin respuesta no tienen la intención de crear desesperación. Más bien ofrecen la oportunidad de re-enfoque. ¿Habrá más preguntas o tal vez revelaciones ocultas? Cualquiera que sea la razón, Dios ha escogido dejarlas sin respuesta, y yo tengo que creer que es por nuestro propio bien.

Una revelación para mí es que la soberanía de Dios—la sombrilla de autoridad—de alguna manera opera sin violar las otras formas de autoridad que Él nos ha dado libremente. Para describirlo de otra forma, Dios constantemente orquesta una gran sinfonía, pero los músicos tienen la responsabilidad de tocar sus partes individuales. Si Dios fuera a pisotear a Satanás, sería lo mismo que pisotear nuestro libre albedrío—una violación al carácter de Dios, que es por invitación y no por control.

De nuevo, la libertad que Dios le da a Satanás es misteriosa porque Satanás se opone directamente a la gloria de Dios, lo cual parece algo que Dios podría obliterar legítimamente. Sin embargo, al hacerlo así, Dios garantiza una mayor composición sinfónica—que lo que fue creado bueno será al final restaurado—pero Él escoge permitir a Sú creación asociarse con Él en el proceso, para bien o para mal.

La autoridad limitada de Satanás está también relacionada con su naturaleza robada. Satanás es un ladrón, un parásito. Él no es un creador sino un falsificador. Su autoridad depende de la cooperación de los seres humanos. Las Escrituras dan una clara analogía de cómo nuestra negación a colaborar impacta su habilidad de ejercer autoridad. "No deis lugar al diablo" (Efesios 4:27). "Resistid al diablo y huirá de vosotros" (Santiago 4:7b). Satanás trabaja por medio de fortalezas que ha adquirido en territorio, cultura, sociedad y nuestra carne. Charles Kraft usa la analogía de la basura para referirse a las fortalezas, y la analogía de las ratas para referirse al reino de las tinieblas (*Heridas Profundas, Sanidad Profunda*). Las ratas son atraídas por la basura. Si quieres deshacerte de las ratas en toda una cuadra de la ciudad, tendrás más éxito limpiando la basura que persiguiendo a cada rata. La habilidad del trabajo de Satanás es equivalente a la cantidad de basura que dejamos en nuestra vida.

El pecado produce basura. Esta basura puede ser áreas de rebelión activa en contra del diseño de Dios en nuestra vida. Deuteronomio 28 registra dos caminos en la vida—el camino de la bendición y el camino de la maldición—cualquiera de los tales tenemos el libre albeldrío de escoger. Tristemente, la basura también puede ser heridas provocadas por alguna maldad que nos hicieron o que vivimos en la comunidad que nos rodea.

Estas áreas lastimadas atraen al reino de las tinieblas. Necesitan sanidad para transformarse de lugares de dolor a lugares de quebrantamiento. La contraparte física es la transformación de una herida a una cicatriz. La cicatriz no contiene dolor físico pero, es un recordatorio de la herida original y la sanidad subsecuente. Espiritualmente, Dios usa el quebrantamiento como testimonio de Su transformación curativa. Cuando no buscamos sanidad, la basura continúa colectándose en nuestras heridas, en los asideros esculpidos por el enemigo de nuestra alma, y se vuelve tan grande que ya no podemos ver más allá del dolor. El dolor se vuelve parte de nuestra identidad y lo exteriorizamos en nuestras actitudes y nuestras acciones. A estas alturas, los asideros de Satanás se vuelven influencias, y la sensación de esclavitud se vuelve más debilitante. Nigel Wright dice en *The Satan Syndrome (El Síndrome de Satanás)*, "La vitalidad del diablo es parasítica y su fuerza es extraída de la humanidad...el poder que el diablo tiene en sí mismo es mucho menor de lo que podríamos imaginar y mucho más dependiente en aquello que la humanidad le da."

Aunque quiero que entendamos la autoridad limitada de Satanás, al mismo tiempo no quiero que ignoremos la naturaleza exhaustiva, vil y peligrosa de la obra de Satanás y el reino de las tinieblas. Ambas cosas, meter nuestra cabeza en la arena y tener una sensación prematura de triunfo nos detendrán pro-activamente de retomar nuestra autoridad delegada para asociarnos con Dios en Su proyecto de restauración. Existen ejemplos bíblicos claros de Satanás estorbando la obra de los siervos de Dios. En Daniel 10, príncipes demoníacos obstaculizan el paso y el viaje de seres angelicales. La narración implica una conexión entre la movilización de los espíritus celestiales y el ayuno y las oraciones terrenales de Daniel. Jesús mismo fue opuesto por Satanás, bajo la guianza del Espíritu Santo (Mateo 4:1-11). El apóstol Pablo, también, dice: "por lo cual quisimos ir a vosotros...una y otra vez; pero Satanás nos estorbó" (1 Tesalonisenses 2:18). En otras ocasiones Pablo atribuye la dirección y movimiento de su ministerio a la guianza del

Espíritu Santo. Por estas referencias entendemos que él ve la batalla entre los reinos por el avance de la obra de Cristo. El llamado de Pablo lo pone en el medio de la batalla "para que se conviertan de las tinieblas a la luz, y de la potestad de Satanás a Dios" (Hechos 26:18).

Nuestro llamado en general no es diferente al de Pablo. Tener una relación con Dios a través de Cristo es operar con Sus deseos. Pedro nos recuerda que Dios "es paciente para con nosotros, no queriendo que ninguno perezca, sino que todos procedan al arrepentimiento" (2 Pedro 3:9). Así que nos unimos a Pablo como ministros de reconciliación, "como si Dios rogase por medio de nosotros" (2 Corintios 5:20). Cuando consideramos nuestro llamado, a la luz de la interpretación que Jesús le da a la Parábola del Sembrador, somos recordados de que tenemos una fuerza personalizada trabajando en contra de nosotros. Cuando Jesús da la interpretación de la parábola a sus discípulos, les da varias razones de por qué la palabra de Dios no fructifica en cada persona que la recibe, incluyendo la que Satanás viene y se lleva la palabra. (Marcos 4:1-20). Por tanto, la oposición de Satanás es muy real y con determinación obstruye el progreso de Dios de restauración.

Al final, lo que sabemos es que incluso estas adversidades y luchas de alguna forma caen dentro del gran plan y autoridad de Dios. Y nos hacen el llamado a una posición de confianza y no de temor. José en el Antiguo Testamento declara a sus hermanos: "Vosotros pensasteis mal contra mí, mas Dios lo encaminó a bien, para hacer lo que vemos hoy, para mantener en vida a mucho pueblo." (Génesis 50:20). Yo he adquirido una mejor perspectiva de estas palabras. Pero mi confianza no es pasiva. Dios ha hecho algo en la vida de Jesús que restaura la autoridad confiscada en la narración de la Creación. De hecho, nos da el poder con el renovado derecho a nuestra autoridad recibida y a regresar a nuestro llamado de Dios a gobernar. Pasemos al Cristo-evento y a la recuperación de nuestra autoridad a través de Jesús.

Parcialidad de la Autoridad No Cuestionada en Culturas Bajo Oprobio

Así como los estadounidenses tiene puntos ciegos en relación con la autoridad, otras culturas también tienen los suyos. En algunas culturas bajo oprobio, las reglas sociales están tan establecidas en jerarquía que cuestionar la autoridad está prohibido. Cualquier estructura que no permite críticas es perfecta para el abuso de autoridad. Especialmente en instituciones políticas y religiosas que asumen tener autorización y legitimación de un orden supremo.

En el caso de la autoridad forzada que no es por el bien común, el pueblo cumplirá siempre que crea que subyugado está mejor, y siempre y cuando suficiente cantidad de gente experimente movilidad social para mantener vivo el sueño del progreso. Pero dado que toda autoridad en última instancia viene de Dios, su mal uso por medio de la fuerza humana conducirá a su ruina. En el gobierno se levanta una protesta que lleva a un golpe de Estado y a menudo a un círculo vicioso de tiranía. Los nuevos poderes deben escoger entre operar a través de su poder recién tomado o a través de sistemas de autoridad justa.

En el contexto religioso, el mal uso de la autoridad conectado con privación de poder lleva a la frustración y a menudo a un alejamiento de la fe. He observado esta dinámica en grupos de primera y segunda generación de inmigrantes asiáticos en el área metropolitana de Nueva York. La estructura social jerárquica de las culturas asiáticas causa que los líderes de primera generación tengan autoridad absoluta. Esta autoridad no se le pasa a líderes más jóvenes. La siguiente generación, criada en el contexto cultural estadounidense, se frustra y desea un nivel de confianza y poderío. Esta generación o permanece siendo un recurso espiritual sin explotar o simplemente se aleja de la fe. Su experiencia con la fe ha sido la de un sistema de control en vez de caminar en una relación con Dios y los demás.

Esta dependencia defensiva hacia la autoridad es absolutamente opuesta al propio patrón de Dios. En la Creación, Él voluntariamente delegó autoridad. Veremos en el próximo capítulo que Jesús comenzó el proceso de delegación de autoridad desde temprano en su ministerio. El reto para estas estructuras culturales y sociales será reclamar una autoridad bíblica que lleva las marcas del Siervo Líder. Esta autoridad puede ser ejercida en estructuras jerárquicas fuertes o en un acercamiento más allanado e igualitario. Ambos tienen el potencial de reclamar autoridad de una manera bíblicamente consistente.

CAPÍTULO TRES

El Cristo Evento y La Autoridad

Después de examinar el impacto de la Caída y el resultado de la autoridad perdida, estaríamos desanimados si no fuera por el Cristo-evento. El Cristo-evento son todas las cosas que rodean la encarnación del Hijo, la segunda persona de la Trinidad, el Dios-hombre Jesús—su vida, muerte, resurrección, ascensión y segunda venida. Al observar las etapas sucesivas del Cristo-evento, vemos que la autoridad es restaurada según los grados de posicionamiento de Jesucristo en autoridad y que el orden de Dios es restaurado progresivamente en la nueva creación. El reino del "ya pero aún no" avanza. Debemos empezar con el propósito de la primera venida de Cristo.

Jesús y El Reino

¿Por qué vino Jesús? Teológicamente sabemos que la respuesta profundamente arraigada a esta pregunta es redención. Lo que se perdió después de la Creación—en la Caída—es restituido en la encarnación, crucifixión y resurrección de Jesús. Dios está restaurando la Creación, y Jesús es la pieza central de este programa de restauración. Arthur

Glasser, en su libro *Announcing the Kingdom* (*Anunciando el Reino*) ilustra cómo esta restauración está estructurada en las Escrituras:

GÉNESIS	APOCALIPSIS
Paraíso perdido	Paraíso recuperado
Creación de los cielos y la tierra	Un cielo nuevo y tierra nueva
La entrada de la maldición (pecado, dolor, sufrimiento, muerte)	No más maldición
El Árbol de la Vida protegido	El Árbol de la Vida restaurado
Comunión destruida	Comunión restaurada
Trabajo maldito	Trabajo bendito
La gente sin armonía con la naturaleza	La gente en paz con la naturaleza

Podemos ver este despliegue por medio de Cristo en la proclamación del reino de Dios—señorío de Dios—y en una declaración muy directa en la 1.a Epístola de Juan que interpreta la razón de la venida de Cristo.

Primero, para anunciar el reino de Dios. Jesús declaró: "Es necesario que también a otras ciudades anuncie el evangelio del reino de Dios; porque para esto he sido enviado." (Lucas 4:43). El tema central de las enseñanzas de Jesús fue la venida del reino de Dios. Se hace referencia al reino más de noventa veces sólo en los evangelios. Juan el Bautista preparó a los que habrían de recibir a Jesús con el mismo mensaje: "El tiempo se ha cumplido, el reino de Dios se ha acercado" (Marcos 1:15). Jesús afirmó el mensaje de Juan el Bautista (Lucas 16:16), y proclamó las buenas nuevas del reino (Lucas 8:1). Jesús sin embargo, fue más allá de proclamar el reino de Dios al demostrar que ya estaba aquí.

Lucas 4:14-21 es visto como el "debut" de Jesús o la declaración de su propósito en los evangelios. En el recuento, Jesús estaba en la sinagoga en su pueblo natal Nazaret y fue llamado a leer la Escritura del día, un pasaje en Isaías 61, del rollo sagrado. El pasaje describe varias manifestaciones de la presencia del reino de Dios incluyendo la unción del Espíritu Santo, la predicación de las buenas nuevas, la liberación de los oprimidos, la sanación de los enfermos y el favor de Dios. Jesús declaró: "Hoy se ha cumplido esta Escritura delante de vosotros" (4:21). Después de eso prosiguió a iniciar un ministerio que demostró la venida del reino con un plan de acción de triple doblez: predicar o anunciar el reino, sanar a los enfermos y echar fuera demonios. Él dijo: "Mas si por el dedo de Dios echo yo fuera los demonios, ciertamente el reino de Dios ha llegado a vosotros" (Lucas 11:20). De hecho, cuando Juan el Bautista envió una delegación desde su celda en la prisión para asegurarse que no se había equivocado acerca de la identidad de Jesús, Jesús les dijo a los mensajeros que respondieran con lo que habían visto y oído—la predicación de las buenas nuevas y

no estaba limitado por geografía ni avanzado por poder—
por lo menos no el poder en su sentido político como los
Judíos lo entendían.

El reino de Jesús era un reino espiritual, para que no
fuera obvio para los de afuera (Marcos 4:11). Sería una esfera
de señorío autoritario fluyendo de Dios e incrustado en Su
pueblo dondequiera que ellos fueran: "El reino de Dios está
entre vosotros" (Lucas 17:21). Esta descripción es significa-
tiva porque explica que el reino no es sólo una ciudadanía
individual y un privilegio (aunque está en cada uno de nosotros) sino que a menudo se expresa más profundamente

"Entonces como yo lo entiendo, el reino de Dios se trata
de la dinámica de la realeza de Dios siendo aplicada...El
reino de Dios desciende en y a través de Jesús y se aplica a
un mundo que no está completamente bajo su autoridad.
Las enfermedades son sanadas, los demonios desterrados,
los pecados son perdonados y la gente es asegurada del
amor de Dios hacia ellos. Dondequiera que el reino de Dios
llegue, su realeza se aplica y la maldad de las tinieblas es
raída...se vuelve claro que la muerte de Jesús no fue sólo
para llevar individuos al cielo. Fue para reparar una creación entera que había sido distorsionada por la Caída."

Allen Mitsuo *Wakabayashi, Kingdom Come*
(La Venida del Reino)

en la comunidad del reino. Es una presencia, descrita en términos de pequeñeces como las semillas de mostaza y la levadura (Lucas 13:18-21), ambas de ellas sin embargo, brindan gran crecimiento al final. Este reino se anuncia como que está aquí pero se entiende como si aún vendrá (Mateo 25:34)—ya, pero aún no.

En resumen, Jesús reanudó el señorío o dominio de Dios en la tierra a través de Su pueblo. Es la retoma de la autoridad depuesta o confiscada que Dios había delegado a la humanidad. Fue el momento crucial en el proceso de restauración que se describe plenamente en el Apocalipsis. Esto requirió que Jesús se opusiera activamente a la estructura de la autoridad usurpada que había sido establecida por el decomiso en la Creación.

En 1 Juan 3:8, el apóstol Juan escribe: "Para esto apareció el Hijo de Dios, para deshacer las obras del diablo." Esta es claramente la declaración de una misión, y nos ayuda a entender por lo que Jesús estaba contendiendo al anunciar el reino. ¿Cuál fue la obra del enemigo? Destrucción. Desfiguración de la gloria o imagen de Dios. Muerte. Lo que Dios declaró que era bueno y muy bueno en la Creación tomó las marcas de la destrucción en la Caída. La obra del maligno encuentra su mayor aplicación en la oposición de Satanás a la redención de la humanidad y la restauración de la misma creación. El apóstol Pablo las enlaza en Romanos 8. Pablo señala que la misma creación, la materia prima del globo, ha estado gimiendo como en dolores de parto

(8:22), que espera ser liberada de la esclavitud de corrupción y muerte (8:21), que se debate en la frustración a la que fue sometida (8:20), y que esta esperanza de liberación está envuelta en la redención de los hijos de Dios (8:19; 8:23).

Las obras de Satanás son muchas, pero pueden resumirse en dos grandes rasgos. Su primer trabajo es mantener a la gente lejos de una relación con Dios. 2 Corintios 4:4 dice, "El dios de este siglo (Satanás) cegó el entendimiento de los incrédulos para que no les resplandezca la luz del evangelio de la gloria de Cristo, el cual es la imagen de Dios." Esto hace eco del llamado Paulino, "para que abras sus ojos, para que se conviertan de las tinieblas a la luz, y de la potestad de Satanás a Dios" (Hechos 26:18). Aquí estamos de regreso a la imagen de la lucha entre la luz y las tinieblas.

Una vez que el velo es levantado y la gente es rescatada, la obra del enemigo es hacerles la vida miserable y sin fruto a los que siguen a Cristo. Es interesante, que la mayoría de las referencias a la obra de Satanás en las epístolas están relacionadas con su oposición a la comunidad cristiana rescatada. El apóstol Pedro llama a los creyentes a estar alerta y tener dominio propio porque "vuestro adversario el diablo, como león rugiente, anda alrededor buscando a quien devorar" (1 Pedro 5:8). Continúa exhortándolos a resistir al diablo. Santiago llama a los creyentes a una perspectiva de doble pliegue—someteos a Dios y resistid al diablo (Santiago 4:7b). Jesús dio una muestra de cómo hacerlo usando su autoridad.

Claramente Jesús se veía como un embajador representando una autoridad mayor que sí mismo. Curiosamente, los demonios nunca se confundieron en cuanto a su identidad o autoridad (Marcos 1:24), y un centurión "pagano" también reconoció la autoridad de Jesús (Lucas 7:1-10). Fueron los líderes religiosos quienes se rehusaron a reconocer la autoridad de Jesús (Marcos 11:27-33).

La gente observó la autoridad de Jesús como una demostración y un avance del reino en muchas áreas. Primero, enseñó con una autoridad que venía de una fuente mayor que su propio conocimiento (Mateo 1:22) lo cual contrastaba con la autoridad de los maestros de la ley. Aunque no fue oficialmente reconocida en la estructura autoritaria del templo, su enseñanza y su forma de hablar contenían un valor autoritario que la gente no acostumbraba oír en la instrucción religiosa (Juan 7:46).

Segundo, la forma que Jesús interactuaba con las autoridades terrenales demuestra una autoridad mayor operando desde el cielo. Se encontró entre multitudes rebeldes y amenazantes pero él simplemente se escabullo. Juan explica que fue porque el tiempo de Jesús aún no había llegado. Cuando Jesús estaba siendo juzgado ante Pilato, le recordó al gobernador terrenal que él operaba mediante la estructura de un reino enormemente diferente: "Mi reino no es de este mundo" (Juan 18:36). Después, cuando Pilato desafió el silencio de Jesús al declarar que él tenía el poder en sus manos para decidir Su futuro, Jesús sagazmente declaró: "Ninguna autoridad tendrías contra mí, si no te fuese dada de arriba" (Juan 19:11). Jesús claramente parecía no tener ningún poder, pero aún así hizo una declaración de autoridad.

Tercero, Jesús demostró su autoridad en su dominio sobre la naturaleza y los patrones climáticos destructivos que se derivan de una creación fuera de balance: "¿Quién es este? ¡Que aún el viento y el mar le obedecen!" (Marcos 4:41). Él exhibió un nuevo nivel de autoridad en la magnitud de sanidad y liberación que se desató: "Y sanó a muchos que estaban enfermos de diversas enfermedades, y echó fuera muchos demonios" (Marcos 1:34), y "sanaba a todos" (Mateo 12:15). La respuesta de la gente demuestra la increíble naturaleza del poder de Jesús:

> Todos se asombraron, de tal manera que discutían entre sí, diciendo: ¿Qué es esto? ¿Qué nueva doctrina es esta, que con autoridad manda aun a los espíritus inmundos, y le obedecen?
>
> (Marcos 1:27)

Es importante empezar a reconocer que el ministerio de Jesús funcionaba con nuevos patrones de autoridad que expresaban el diseño original del reino de Dios y no los patrones sociales y culturales de la autoridad abusiva y el uso abusivo de poder. Sin embargo, si damos un paso atrás y observamos el Cristo-evento completo, vemos que la reclamación y definición adicional de esa autoridad crece progresivamente en el desenvolvimiento de cada etapa: crucifixión, resurrección, y ascensión.

Crucifixión. Colosenses 2:15 describe el siguiente paso de la victoria decisiva de Jesús en la cruz sobre las autoridades usurpadoras del reino de las tinieblas: "y despojando a los principados y a las potestades, los exhibió públicamente, triunfando sobre ellos en la cruz" (Colosenses 2:15). Jesús operó con una nueva autoridad en su vida y ministerio público, luego en su muerte expuso, desarmó, y triunfó sobre la autoridad que Satanás tuvo desde la Caída. Se nos recuerda de nuevo la razón de su venida: "para deshacer las obras del diablo" (1 Juan 3:8). Simplemente, la expiación significa que Jesucristo tomó el castigo de nuestro pecado. (Ver Romanos 5 y 6 para discusión adicional por parte de Pablo.) Ya que la paga más obvia del pecado es la muerte, la resurrección de Cristo habla profundamente de la singularidad de su muerte como una victoria triunfante. Esta victoria sólo es posible en su identificación con nosotros como Dios-hombre. Los humanos perdieron su autoridad; Jesús es el nuevo Adán, el único humano perfecto que retoma la autoridad. (Ver la caja de texto al final del capítulo para entender como Jesús opera en su humanidad como Dios-hombre.)

Resurrección. La Crucifixión no tendría ningún sentido sin la afirmación de la Resurrección. La Crucifixión por sí sola, sólo convierte a Jesús en un mártir. La Resurrección fue la afirmación del Padre de la singularidad de Jesús en Su muerte en la cruz. Jesús también se colocó en un nivel mayor de autoridad después de la Resurrección. En Mateo 28:18, la Gran Comisión, él comenzó: "Toda potestad me es dada en el cielo y en la tierra." Antes de la Resurrección, él describió su obra a la luz de la autoridad del Padre. Su declaración en Mateo 28:18 es interesante por su designación de toda autoridad. Dios no necesita que le den autoridad—todo fluye de Él. Por tanto Jesús habla como el Dios-hombre resucitado, nuestro hermano mayor, y no desde afuera de su divinidad. Por medio de la resurrección, el Hijo parece haber retornado al nivel de autoridad de la preencarnación. De esta posición de poder, él nos pasa la autoridad a nosotros.

Ascensión. En la Ascensión, la autoridad de Jesús fue solidificada al siguiente nivel por medio de su coronación al trono de autoridad. Efesios 1:19-23 muestra esta progresión de resurrección a ascensión:

> ...La supereminente grandeza de su poder para con nosotros los que creemos, según la operación del poder de su fuerza, la cual operó en Cristo, resucitándole de los muertos y sentándole a su diestra en los lugares celestiales, sobre todo principado y autoridad y poder

Jesús el Dios-Hombre

Uno de los misterios de la doctrina cristiana es esta noción de Jesús como el Dios-hombre. La histórica fe ortodoxa declara que en su estado encarnado, Jesús siempre fue Dios y siempre fue hombre. No era híbrido, sino completamente ambos todo el tiempo. Así cualquier discusión con respecto a cómo operaba en poder está envuelta en misterio.

Aunque siempre era Dios, de alguna forma puso de lado algunas de sus capacidades divinas. El gran himno de los filipenses (Filipenses 2:6-11) es uno de los pasajes vitales del Nuevo Testamento que desarrolla nuestra Cristología. Pablo parece estar citando un himno de la iglesia primitiva cuando declara que nuestra actitud debería ser la misma de Jesucristo,

> El cual, siendo en forma de Dios, no estimó el ser igual a Dios como cosa a que aferrarse, sino que se despojó a sí mismo, tomando forma de siervo, hecho semejante a los hombres…
> (2:6-7)

Quiero enfatizar un aspecto de esta declaración: "se despojó a sí mismo." Literalmente, el griego dice que "se vació a sí mismo (kenosis, κενοσισ). Lo que sugiero es que de alguna forma tomó sus privilegios divinos y suspendió su uso o los hizo a un lado por amor a su misión como el Cristo encarnado. Por tanto, su identidad fue siempre la de Dios-hombre pero sin todos sus atributos divinos de omnipotencia, omnisciencia u omnipresencia.

Esto es claro en múltiples niveles. Primero, el Hijo eterno, en su cuerpo encarnado no era omnipresente. Estaba limitado físicamente a su ubicación. Segundo, no era omnisciente. Cuando le preguntaron acerca de su regreso, respondió: "Pero del día y la hora nadie sabe, ni aún los ángeles de los cielos, sino sólo mi Padre." (Mateo 24:36). Tercero, él no era omnipotente. Tomó la flaqueza del cuerpo humano, el cual no contendría al eterno Dios.

Entonces, ¿cómo operó Jesús con poder? Lo veo aprovechando el poder divino a través de la colaboración del Espíritu Santo. Su ministerio público no se inició sino hasta el descenso del Espíritu Santo sobre él en su bautismo (Lucas 3:21-22). Inmediatamente después de describir este suceso Lucas escribe: "Jesús mismo al comenzar su ministerio era como de treinta años" (3:23). Jesús dejó claro cómo operaba con poder: "por el Espíritu de Dios" (Mateo 12:28) y "por el dedo de Dios" (Lucas 11:20). Lucas describe el poder de Jesús no como uno que Jesús ejerce por su propia voluntad sino uno que fue dispensado en momentos escogidos: "y el poder del Señor estaba con él para sanar" (Lucas 5:17). La implicación de este pasaje es que el día anterior, o cualquier otro día, el poder no estaba presente. Pedro toca el mismo punto en una charla con un grupo reunido en la casa de Cornelio:

Vosotros sabéis lo que se divulgó por toda Judea, comenzando desde Galilea, después del bautismo que predicó Juan:
cómo Dios ungió con el Espíritu Santo y con poder a Jesús de Nazaret, y cómo éste anduvo haciendo bienes y sanando a todos los oprimidos por el diablo, porque Dios estaba con él.

(Hechos 10:37-38)

Si Pedro hubiese querido declarar que Jesús hizo sus milagros como señal de su divinidad, no habría enfatizado la unción del Espíritu Santo, y hubiera explicado más directamente los milagros diciendo "porque él era Dios." Me doy cuenta que en su evangelio, Juan frecuentemente se refiere a los Milagros come señales—apuntando a la identidad única de Jesús. Sin embargo, el fluir del poder de Jesús, como lo describe el Nuevo Testamento, como lo describe el Nuevo Testamento parece ser iniciado con la unción del Espíritu Santo en el bautismo a la edad de treinta años, y no como un elemento permanente de su identidad divina. De nuevo, esto es un misterio.

En identidad, Jesús es el Dios-hombre—siempre Dios, siempre hombre. Él representa ambas partes del pacto; divino y humano. Al revelar el reino de Dios, asigna poder a través del Espíritu. Él nos muestra cómo operar con poder divino para vivir lejos de la debilidad humana.

y señorío, y sobre todo nombre que se nombra, no sólo en este siglo, sino también en el venidero; y sometió todas las cosas bajo sus pies, y lo dio por cabeza sobre todas las cosas a la iglesia, la cual es su cuerpo, la plenitud de Aquel que todo lo llena en todo.

La Ascensión estableció a Jesús sobre todo, autoridades, gobernadores, poderes, dominios—lo pusó todo debajo de sus pies. Otros escritores bíblicos captaron esta transición en la alineación de autoridades. Pedro señala que la salvación es asegurada a través del Cristo resucitado, "quien habiendo subido al cielo está a la diestra de Dios; y a él están sujetos ángeles, autoridades y potestades" (1 Pedro 3:22).

Interesantemente, el escritor de Hebreos muestra que a aunque esta es la realidad posicional —Cristo está a la diestra de Dios y el reino de Dios está en la tierra—aún queda el proceso del pueblo de Dios colaborando con Él para que el reino sea culminado:

Pero Cristo, habiendo ofrecido una vez para siempre un solo sacrificio por los pecados, se ha sentado a la diestra de Dios, de ahí en adelante esperando hasta que sus enemigos sean puestos por estrado de sus pies.

(Hebreos 10:12-13)

Jesús triunfó sobre sus enemigos en la Cruz. La Resurrección validó su reivindicación y restauró otro nivel de autoridad. La Ascensión posicionó la autoridad. La Segunda Venida establecerá la autoridad de una vez por todas, cuando toda rodilla se doble y toda lengua confiese que Él es el Señor para la gloria de Dios Padre. (Filipenses 2:6-11). Sin embargo, vivimos en el tiempo intermedio, donde tenemos que ejercer la autoridad hasta que todos sus enemigos sean sometidos. Como se declara repetidamente, la victoria en la guerra está segura; simplemente estamos ganando batallas en el desenvolvimiento de ese triunfo.

Para entender nuestro papel, necesitamos tomar el siguiente paso, observar cómo Jesús inicialmente pasó esta autoridad a sus seguidores y cómo en el Cristo-evento nosotros también tenemos en un lugar para actuar con la autoridad del reino. La autoridad es delegada a los que son llamados a ejercitarla por el bien de otros.

CAPÍTULO CUATRO

El Seguidor de Cristo y La Autoridad

Sería suficiente saber que nuestro rey como el nuevo Adán ha recuperado nuestra autoridad perdida. Sin embargo, la Biblia lleva esta recuperación un paso más allá al subrayar cómo Jesús, el Dios-hombre, delega la autoridad a sus seguidores. Vemos esto desde el principio del ministerio de Jesús.

Seguidores Autorizados a Moverse en el Reino

Marcos 6:7-13 describe la misión inicial de los doce apóstoles. Jesús llamó a este grupo a estar con él para ser aprendices de su trabajo en el reino (Marcos 3:13-15). Antes de que Jesús les enviara, el texto dice que él "les dio autoridad" (6:7). Esta es la manera en que Dios lo hace. En la Creación, Dios obsequió autoridad. Al inicio de la re-creación Jesús obra de la misma manera. El resultado es similar, un tripuntado ministerio para sus seguidores: predicación, expulsión de demonios, y sanidad (6:12-13).

Lucas describe el mismo proceso en Lucas 9:1-6. Algunas teologías que se han desarrollado sugieren que este desprendimiento de poder fue una dispensación especial para los apóstoles. Sin embargo, Lucas nos dice en el próximo capítulo que este mismo proceso ocurre con los discípulos, no sólo los apóstoles. Un diálogo interesante ocurre entre Jesús y los setenta y dos después que estos regresaron de anunciar el reino.

> Volvieron los setenta y dos con gozo, diciendo: Señor, aun los demonios se nos sujetan en tu nombre. Y les dijo: Yo veía a Satanás caer del cielo como un rayo. He aquí os doy potestad de hollar serpientes y escorpiones, y sobre toda fuerza del enemigo, y nada os dañará. Pero no os regocijéis de que los espíritus se os sujetan, sino regocijaos de que vuestros nombres están escritos en los cielos.
>
> (Lucas 10:17-20)

Estos discípulos tuvieron el mismo nivel de señorío que Jesús sobre los demonios. La respuesta de Jesús fija esta noción de autoridad en el contexto del quebrantamiento del mundo creado y el poder de Satanás: ¡para vencer todo el poder del enemigo! Jesús parecía de alguna forma indiferente a todo el proceso porque esto era lo que él esperaba para sus seguidores. Sin embargo, advirtió a sus seguidores de no regocijarse en esta nueva resistencia al poder (la manifestación) sino mejor celebrar el manantial de esa transacción (la relación) y la garantía de que sus nombres estén escritos en el cielo, una declaración de pertenencia al reino.

A sus seguidores inmediatos, Jesús les pasó los secretos del reino del Padre: "Porque todas las cosas que oí de mi Padre, os las he dado a conocer" (Juan 15:15). Como resultado, su comisionado tomó las mismas características de la Encarnación, menos el acarreo misterioso de divinidad del estado Dios-hombre: "Como me envió el Padre, así también yo os envío" (Juan 20:21).

Esta claro en Lucas 10 que no podemos decir que el poder y la autoridad se encontraba solamente en los apostóles originales. Por tanto otra teología fue inventada que sugirió que el poder y la autoridad terminó con la época apostólica. Sin embargo, en Juan 14, el escritor de este evangelio indica cómo este comisionado se extiende a más allá de los que estuvieron presentes físicamente con Jesús en el primer siglo:

> De cierto, de cierto os digo: El que en mí cree, las obras que yo hago, él las hará también; y aún mayores hará, porque yo voy al Padre.
>
> (Juan 14:12)

Muchos elementos de este pasaje son interesantes para la discusión de como moverse en autoridad. Jesús ofrece autoridad del reino de Dios más allá de los doce originales o de los setenta y dos, más allá de la iglesia del Antiguo Testamento, a **cualquiera**. Un enfoque dispensacionalista de autoridad y de poder no funcionará en este momento. No podemos rechazar los milagros de Jesús y la Biblia simplemente como convenciones de un mundo antiguo que atribuyen razones espirituales a fenómenos naturales. Tampoco podemos creer que los milagros y la manifestación del Espíritu Santo ya no son necesarios ahora que tenemos la palabra de Dios en forma escrita.

Podemos ver cómo esto se desarrollaría en la interpretación de Juan 14:12. Si su teología no admite lo milagroso, entonces tendrías que tejer toda una danza interpretativa en torno a la idea de **aun mayores** cosas **hará**. La propuesta de una explicación que he escuchado de este pasaje intenta interpretar la autoridad delegada como algo que no está relacionado a los milagros, al decir que las "grandes cosas" se refieren a los actos de amor (esto aplica 1 Corintios 13 a esta declaración de Jesús). Si este fuera el caso, aún queda la primera oración, "De cierto, de cierto os digo: El que en mí cree, las obras que yo hago, él las hará también." No podemos ignorar la promesa de que podemos actuar con autoridad, aun para hacer milagros. Siempre debemos leer las Escrituras en su contexto inmediato. En el versículo 11, Jesús se refiere a las "**mismas obras**" (Juan 14:11). Jesús no realizó los milagros como una atracción secundaria del reino de Dios. Al realizarlos, él estaba restaurando el señorío y la autoridad que fue previamente perdida por la humanidad.

Esta noción de señorío se explica más a fondo o se amplía en las Epístolas a través de ideas como herencia, derechos, vencedores y conquistadores. Romanos 8 es un pasaje incitante de victoria—no triunfalismo—según se establece en el contexto de la lucha que tenemos contra el pecado (Visto en Romanos 7) y todas las cosas que buscan derribar nuestra fe: tribulación, angustia, persecución, hambre, desnudez, peligro, espada, muerte, demonios, potestades, o cualquier cosa creada (Romanos 8). Contra este trasfondo de sufrimiento y lucha, Pablo nos llama **coherederos con Cristo**. ¿Herederos de qué? Somos herederos de todo aspecto de la Cristo-vida, incluyendo sufrimiento pero también operación en el poder del reino.

Pablo, también describe esta conexión entre autoridad y herencia en Colosenses 1. Esta carta a los santos y fieles hermanos y hermanas en Cristo, empieza con una larga declaración de acción de gracias por la calidad de vida que fluye de su nueva relación con Cristo. Luego hace referencia a los derechos de su relación "para participar de la herencia de los santos en luz" (1:12). Esta herencia viene de Cristo y su rescate "de la potestad (exousia, εξουσια) de las tinieblas" al reino del Hijo (1:13). La lectura más casual de este pasaje captura el cambio a la posición y autoridad del reino—**fundamentadas en una relación con Cristo**. Por lo tanto, la autoridad no es un dote, llamado o regalo especial para algunos elegidos de la familia de Cristo sino el derecho heredado de todos los creyentes.

Lo opuesto de este principio se observa en la historia de los hijos de Esceva (Hechos 19:11-20). Lucas cuenta la historia de Dios obrando "milagros extraordinarios por mano de Pablo" en Éfeso y de los que tratan de copiar sus obras.

> Pero algunos de los judíos, exorcistas ambulantes, intentaron invocar el nombre del Señor Jesús... Pero respondiendo el espíritu malo, dijo: A Jesús conozco, y sé quién es Pablo; pero vosotros, ¿quiénes sois? Y el hombre en quien estaba el espíritu malo, saltando sobre ellos y dominándolos, pudo más que ellos, de tal manera que huyeron de aquella casa desnudos y heridos.
>
> (Hechos 19:13a,15-16)

La invocación del nombre de Jesús no es un talismán o magia. Sólo funciona para aquellos que tienen una relación con él. Se trata de nuestra posición en Cristo, que fue posible sólo gracias a la Crucifixión y Resurrección. Sin embargo, se expresa más gráficamente para los seguidores de Cristo en la posición de señorío que Cristo asumió en la Ascensión. Nuestra autoridad recuperada en nuestra relación con Cristo, se evidencia más en la posición compartida de ascensión.

La Autoridad del Creyente y la Posición de Ascensión

Como notamos previamente en el Capítulo Dos, dentro de los grados progresivos de la autoridad de Cristo, la Ascensión es única. Pedro les recuerda a los creyentes, quienes fueron desafiados en todo y estaban perdidos según toda apariencia externa, que Jesús "habiendo subido al cielo está a la diestra de Dios; y a él están sujetos ángeles, autoridades y potestades" (1 Pedro 3:22). Pablo hace este concepto más real para los seguidores de Cristo, en su carta a los Efesios, con el desarrollo de las implicaciones de esta posición. Él, explica que Jesús ha realineado la estructura de señorío para que todos los poderes y autoridades sean puestos debajo de sus pies:

...la supereminente grandeza de Su poder para con nosotros los que creemos, según la operación del poder de su fuerza, la cual operó en Cristo, resucitándole de los muertos y sentándole a su diestra en los lugares celestiales, sobre todo principado y autoridad y poder y señorío, y sobre todo nombre que se nombra, no sólo en este siglo, sino también en el venidero; y sometió todas las cosas bajo sus pies, y lo dio por cabeza sobre todas las cosas a la iglesia, la cual es su cuerpo, la plenitud de Aquel que todo lo llena en todo.

(Efesios 1:19-23)

Esto desde ya es alentador para aquellos que sienten la presencia amenazadora de estas otras autoridades, poderes y dominios, pero Pablo no se detiene ahí. Continúa en el capítulo 2, describiendo el impacto de todo esto en la persona que ha sido avivada en Cristo. Él describe una vida antes de Cristo como una vida bajo el dominio de Satanás (2:2) y una vida después que exhibe señales de lealtad a un nuevo reino. Luego, revela un aspecto importante de la nueva posición del creyente relacionada con la ascensión: "Y juntamente con él nos resucitó, y asimismo nos hizo sentar en los lugares celestiales con Cristo Jesús" (2:6).

Este es el versículo crucial en cuanto a la autoridad relacionada con el seguidor de Cristo. El tiempo usado por el apóstol Pablo en esta declaración es significativo. Nuestro instinto nos hace esperar que Pablo diga que algún día vamos a estar sentados con Él. Esa es la expectativa "aún no" del reino—¡Anhelando que venga Su reino! Sin embargo, Pablo usa el tiempo pasado: nos resucitó y nos sentó con Cristo; estas son acciones completas. Estamos sentados con Él. ¡Ya está hecho! Si esos primeros creyentes quienes recibieron la carta original de Pablo no estaban ya físicamente presentes en el trono de Jesús (ni lo estamos nosotros) ¿de qué hablaba Pablo? Se refería a nuestra posición espiritual. Esto significa, que en este tiempo intermedio (el reino del "ya pero aún no") las autoridades, las potestades y los dominios están debajo de nuestros pies. Somos llamados a tomar la autoridad que fue reclamada para nosotros y a completar lo que Jesús estableció.

Esto nos ayuda a entender la intención del escritor de Hebreos, cuando describe la entronización completada—"se ha sentado a la diestra de Dios"—y subyugación incompleta—"de ahí en adelante esperando hasta que sus enemigos sean puestos por estrado de sus pies" (Hebreos 10:12-13). Desde la perspectiva de autoridad espiritual, ya está hecho. Desde la perspectiva histórica, los seguidores de Cristo están invitados a participar en el proceso de reinar con Cristo asumiendo esta autoridad y restableciendo su señorío legítimo, Su reino, sobre la tierra. Lo que el rey declara, los embajadores lo ejecutamos en Su nombre a favor de los lugares y la gente que aún permancece fuera de su gobierno.

Entonces, ¿Cuál es la Autoridad del Creyente?

La autoridad espiritual es el derecho dado por Dios de gobernar, fundamentado en una relación con Él a través de Cristo, por el cual sobreponemos las reglas, el orden y el impacto de Su mundo (el reino de Dios) a nuestro mundo.

Regresemos a la analogía del oficial de tránsito del capítulo uno. La Autoridad triunfa sobre el poder. Hemos sido reclutados para traer autoridad fresca a un mundo que esta fuera de equilibrio y que en consecuencia no experimenta la bendición, ni la abundancia completa de Dios. Vivimos en un mundo con todo tipo de autoridades, potestades, y dominios compitiendo entre sí. La autoridad espiritual en Cristo triunfa sobre todas ellas. Cuando estos poderes vienen contra nosotros, debemos levantar nuestra mano espiritual y decir "¡No!" Cuando estos poderes bloquean el avance del reino de Dios, debemos ejercer nuestra autoridad como embajadores para cumplir los mandatos del rey. Esto tiene múltiples implicaciones por cómo manejamos los desafíos de la carne, el mundo, y el diablo. Ahora, pasaremos a los ejemplos de cómo el conocer nuestra posición en Cristo y el apropiarnos de esta autoridad nos permite asociarnos con Dios para imponer Su reino sobre los reinos de este mundo.

CAPÍTULO CINCO

Autoridad Aplicada

E ntonces, ¿qué pasa cuando nos apropiamos de nuestra autoridad? ¿Cómo cambia nuestra vida y la vida de los que nos rodean? Cuando operamos con autoridad, superponemos el señorío de Dios sobre el gobierno destructivo del mundo actual. Oramos para que el reino de Dios venga, y ejercemos autoridad, y al hacerlo participamos en invitar y mostrar Su reino a nuestro mundo. No percibo esto como un deseo pasivo, sino como una participación y una colaboración activa con Dios y Su plan de restauración. Para algunos, ejecutar tal poder parece demasiado atrevido y puede hasta ser arrogante, y lo sería, si no fuese una asignación de Dios—asignación a la que hemos fracasado originalmente pero que nos ha sido restaurada a través de Jesucristo. En la introducción, indiqué tres ejemplos reales donde vi la autoridad espiritual en operación. En este capítulo, recontaré más ejemplos de las categorías de protección y cobertura, prevención y orden natural, y provisiones y desencadenamiento del reino.

Protección y Cobertura

La protección y cobertura involucran el papel activo que desempeñamos en nuestras relaciones, especialmente las situaciones donde tenemos influencia o autoridad. Esta autoridad puede determinarse mejor por nuestro rol social, imputado por otros, o asignado espiritualmente (probablemente sin el conocimiento de los demás). Nuestro papel es tomar esta posición espiritual de autoridad y servir como una sombrilla de protección sobre quienes cuidamos. Así es que estamos supuestos a ser siervos, delegados por Dios; nuestra autoridad claramente fluye de Dios, al igual que la protección y la cobertura verdadera.

El Salmista nos recuerda que el Señor es nuestro refugio y la roca de nuestra confianza (Salmos 94:22). Un refugio sólo tiene valor cuando nos metemos debajo de él. Un coro contemporáneo declara, "Torre fuerte es el nombre del Señor; a él correrá el justo y levantado será." Una expresión más antigua de esta idea es el himno "Castillo Fuerte es Nuestro Dios," que describe a Dios como "baluarte que nunca falla." Un baluarte es una construcción solida, como murallas construidas para la defensa y la protección. Llamar a Dios como nuestra defensa no es sólo cubrirnos pasivamente sino que es invocar activamente al escudo divino. Dios no va a manipularnos o a forzarnos a vivir bajo su sombrilla de protección; Él nos invita. No hacemos esto sólo por nosotros como individuos, sino que somos llamados a ejercer autoridad protectora para los que están bajo nuestra influencia y autoridad socialmente. Yo llamo a esto el rol del guardián de la puerta.

Por ejemplo, yo ejerzo un rol autoritario, protector sobre mi familia inmediata. Yo creo que el reino de las tinieblas quiere traer destrucción a estos miembros del grupo que está a mi cuidado. En la enseñanza del Buen Pastor (Juan 10:10), Jesús advierte de un ladrón que viene a robar, matar y destruir. Esto no es solamente una alegoría. Yo he observado lo que he llegado a creer es estratagema formulado contra nosotros para impedir que prosperemos y para obstaculizar la obra de Dios a través de nosotros. Es muy parecido a lo que señalé anteriormente en las palabras del apóstol Pablo—Satanás me lo impidió. Necesitamos pararnos con autoridad contra estas asignaciones demoniacas invocando activamente nuestra posición detrás de la defensa de Dios.

Cuando nuestra familia se trasladó a Malí, Africa Occidental, nuestra tarea era sencilla: compartir el amor de Dios revelado y accesible a través de Jesucristo con nuestros vecinos malienses. Casi todos nuestros vecinos eran musulmanes, y se les había dado falsa información de la identidad y la obra de Jesús. Habían reducido su papel en la tierra al de un simple profeta, perdiendo la distinción de su papel como Señor. Como resultado, se les privó de un entendimiento completo de quién es Dios y de tener una relación dinámica y diaria con Él. Uno de los mejores momentos para crear conexión es la temporada navideña, porque el-

Reflexión Inicial de una Teología de Sufrimiento

Cuando cuento historias acerca de la intervención del poder de Dios para cambiar la situación, algunos pueden ser tentados a empujar mi mensaje a un extremo teológico sugiriendo que si empuñamos nuestra Dios-dada autoridad, nunca sufriremos. Esta conclusión no es bíblica, tampoco he visto que sea llevada a cabo en la vida real. Aún mi familia ha experimentado enfermedad y pruebas desde esa Navidad en Bamako. Debido a que no quiero fomentar una práctica teológica fuera de balance, le he dado mucha importancia a la cuestión del sufrimiento y he llegado a identificar cuatro tipos de sufrimiento.

Primero, hay sufrimiento común para la humanidad que vive en una creación caída. Como lo señalé anteriormente, hasta la creación (la tierra) gime por la redención de los hijos de los hombres. Hay sitios naturales de dolor en nuestra vida por estar en un mundo deteriorado, incluyendo los ligados con el envejecimiento. Este es el impacto del pecado en general.

Segundo, hay sufrimiento como resultado de las consecuencias de pecados específicos nuestros o de otros. Por ejemplo, si abuso del alcohol y manejo intoxicado, podría terminar lastimando o incluso matando a alguien. Esto es sufrimiento como resultado de practicar el pecado.

Tercero, hay sufrimiento asignado por Dios para dar una mayor gloria al nombre de Jesús. El apóstol Pablo declara: "Lo he perdido todo a fin de conocer a Cristo, experimentar el poder que se manifestó en su resurrección, participar en sus sufrimientos y llegar a ser semejante a él en su muerte" (Filipenses 3:10). Mi observación de la historia es que el reino de Dios avanza con dos tipos de impacto—poder y sufrimiento. En las fronteras de la comunidad de fe con la aún-no comunidad de fe siempre hay una explosión. A veces, Dios libera temporadas inusuales de milagros e intervenciones para validar el mensaje. Más a menudo, a los siervos de Dios se les da el privilegio de sufrir, y su respuesta de gracia y esperanza es incluso más convincente que los milagros. Este es un concepto muy difícil de comprender para los estadounidenses, porque nos hemos creado un Dios a nuestra propia imagen—un Dios que nos hace sentir bien, en lugar de un Dios que nos invita a compartir Su proyecto de restauración y ser victoriosos en el patrón de Jesús.

Cuarto, hay un sufrimiento que son ataques del enemigo como ladrón, matón, y destructor. Si somos fructíferos en asociarnos con Dios para mostrar Su reino a este mundo, Satanás pierde territorio en su falso papel de gobernador de este siglo, y más importante, recuperamos los despojos de lo que es tan preciado para Dios—la gente rescatada del reino de las tinieblas y traída a la luz. Para hacer eco al llamado del apóstol Pablo, "para que se conviertan de las tinieblas a la luz, y de la potestad de Satanás a Dios" (Hechos 26:18). De alguna manera aun esto encaja en el plan soberano de Dios, aunque en esta situación Su asignación es que resistamos.

Yo puedo hacer algo para aliviar el sufrimiento sólo de la segunda y cuarta categoría. Aunque no pueda controlar a los demás ni el potencial de sus pecados para afectar mi vida, sólo puedo ser mayordomo de mi propia vida para no causarle a otros sufrimientos a través de mis actos. Así mismo, ciertamente no quiero caer bajo los ataques del enemigo. Puedo actuar como el guardián espiritual de la puerta de mi familia y de los que están bajo mi influencia y autoridad; no los quiero dejar expuestos por culpa de mi espiritualidad pasiva. Para los otros dos tipos de sufrimiento, sólo puedo aceptar el sufrimiento de este mundo y el sufrimiento que Dios nos asigna para mostrar Su gloria.

Al reflexionar en estas cuatro categorías de sufrimiento, me doy cuenta que son apenas descriptivas—y no son claras descripciones de ello. Hay un misterio en cómo el sufrimiento es envuelto en nuestras historias de vida de una manera redentora y dentro del plan soberano de Dios. Yo podría contar numerosas situaciones para cada categoría en las cuales los que sufren cuentan la historia de la redención de Dios y la bendición por medio del sufrimiento. El reto obvio es que tantos ejemplos de sufrimiento parecen tan arbitrarios desde nuestro punto de vista actual.

Mi mayor preocupación al trazar una teología de sufrimiento paralelo a un entendimiento de la autoridad del creyente, es que no desarrollemos una aplicación presuntuosa de nuestra autoridad. Nuestra autoridad no es una garantía contra el dolor ni la tribulación. Otra vez, esto nos empuja a aceptar el aspecto más importante de la discusión—una relación con Dios, antes que el uso de Su poder.

los sí creen en el nacimiento virginal. Así íbamos a tener la celebración del nacimiento virginal en nuestra casa y usar la reunión para compartir más verdades acerca del evangelio del reino y cómo ese reino se hace completo a través de la crucifixión y la resurrección. Eramos embajadores del amor de Dios y testigos en esa comunidad 365 días al año en palabra y obra, pero la víspera de Navidad era vital para una proclamación audaz.

Los primeros dos años que estuvimos en Malí, mi esposa, Ingrid, se enfermó la semana anterior a la celebración. Debido a que las celebraciones se iban a organizar en nuestra casa, tuvimos que cancelarlas. Inicialmente, estaba molesto con mi esposa. Estaba perturbado de que ella no pudiera ser lo suficientemente fuerte para que pudiéramos cumplir nuestro llamado a ser testigo activos de Jesucristo. Es interesante como podemos culpar a otros de ¡nuestra propia equivocación! En este tiempo empecé a desarrollar un entendimiento de la idea de ser guardia de la puerta espiritual. En retrospectiva, yo creo que el asalto de enfermedad de

Ingrid no era solamente dolencias físicas sino ataques espirituales del enemigo en contra de nuestra familia. Así que la siguiente Navidad, tomé mi papel como protector de mi familia en serio. Empecé temprano durante la temporada haciendo un llamado verbal de cobertura para mi familia. Comandé en contra de los planes de destrucción hacia mi familia que tenía el reino de las tinieblas. En breve, estaba en alerta y tomé mi rol como guardián espiritual de mi familia pro-activamente. Dios es el que protege realmente—Él es la fortaleza y el refugio. Pero asignado a liderar a mi familia espiritualmente, fui encomendado por Él con la autoridad para proteger. Ingrid no estuvo enferma ninguna de las Navidades siguientes. Ahora, no puedo probar que esto fue resultado de la toma de mi autoridad, pero no he depuesto esa responsabilidad desde esa vez.

¿Eso significa que cada vez que un miembro de mi familia está enfermo o experimenta dificultad hay un demonio involucrado? No. Debemos tener cuidado, especialmente como seguidores iluminados por Cristo, de evitar crear tales dicotomías extremas en la esfera de principios espirituales. Parte de la razón por la que lo haríamos es que no hemos desarrollado una teología clara de sufrimiento ni un entendimiento del continuo impacto de la Caída (paraíso perdido). A veces nos enfermamos sólo por las realidades biológicas y psicológicas de el mundo en el que vivimos— un mundo que sigue gimiendo por la redención de todos los humanos. Sin embargo, el mundo espiritual no está completamente desconectado del mundo físico, y hay veces que el mundo espiritual toma parte en las realidades físicas. Esto está más alineado con la perspectiva bíblica integral de la realidad que con la costumbre occidental de separar lo sagrado y lo secular o lo espiritual y lo natural. De la misma manera que nuestra teología está subdesarrollada en las áreas de poder, también lo está en las áreas de sufrimiento. Doy una corta descripción de mi entendimiento del sufrimiento en el cuadro de texto más adelante.

He observado miembros de mi congregación aferrarse a este concepto de autoridad, y radicalizar sus oraciones por sus familias. Todavía puedo sentir la emoción de una angustiada madre que sentía que su matrimonio y sus hijos estaban bajo ataque mientras tomaban decisiones para el reino, así que oró, "¡No va volver a pasar!" Invocar activamente la defensa Divina inmediatamente trajo alivio y una sensación de paz. Nunca olvidaré al padre que se paró a la puerta de su casa comandando a la noche mientras ungíamos los postes con aceite. Habían habido manifestaciones diabólicas en su hogar durante la noche con objetos que se movían y cuadros fotográficos volteados. Al pararse con autoridad frente a la puerta de su casa cambió el clima espiritual de su hogar. Siempre seré absorbido por la oración de una amiga después de una explicación de cinco minutos de autoridad y de su rol como guardián de la puerta—incluso para su hijo adulto, que seguía tomando malas decisiones. Ella atrajo todos los recursos del reino de Dios a esa batalla.

Protección, cobertura—para nosotros mismos y para los que somos llamados a proteger en las líneas de autoridad natural y espiritual del mundo en el que vivimos.

Esto puede ir más allá de nuestra estructura de autoridad familiar a los lugares donde tenemos influencia en nuestro trabajo y comunidad. Recientemente hablé al respecto con un hombre en mi iglesia que trabaja como líder de un grupo en una institución financiera. Cuando lo contrataron en esta posición desde afuera de la corporación, se podía ver un equipo fragmentado y una atmósfera de trabajo tóxica. Al escucharme hablar de tomar autoridad en nuestros lugares de influencia, desde el primer día en su nueva posición, empezó a orar la Lórica de San Patricio (Ver Apéndice 3) sobre su escritorio y caminando por toda su oficina. Además hizo un esfuerzo consiente para interesarse en la vida de los miembros de su equipo e incluso empezó a orar con ellos cuando se presentaba la oportunidad. También lanzó una invasión estratégica del Reino de Dios poniendo la cruz en su pared y dejando su Biblia y otra literatura cristiana sobre su escritorio. Su combinación de liderazgo como siervo del reino y su posición en la autoridad del reino cambió el clima espiritual del área de trabajo y de la eficacia de su equipo. Cambió la realidad natural de su mundo laboral a través de recursos espirituales.

La Prevención y el Orden Natural

Cuando Jesús anduvo en la tierra, pudo cambiar el mundo natural a través de comando espiritual. Hoy, algunos seguidores de Cristo podrían sentirse cómodos con la idea de proteger nuestras familias o aquellos sobre los que tenemos influencia o autoridad, pero sentirían que estamos yendo demasiado lejos al sugerir que podemos cambiar el orden natural. Aunque de la misma forma que Jesús tuvo autoridad sobre la naturaleza, también nosotros podemos ejercer nuestra autoridad contra el orden natural cuando el avance del reino está en juego. Voy a destacar unas situaciones profundas de mi propia vida como ejemplos concretos donde observé el poder de la autoridad espiritual sobre el orden natural, frente a lo que parecía ser oposición o incluso desastre. No puedo probar que los resultados están directamente correlacionados al ejercicio de autoridad, pero esta es mi experiencia. La fe no es racional. Por el contrario, es irracional. Es trans-racional. Las experiencias de fe están envueltas en misterio. Sin embargo, en las palabras de William Temple, Arzobispo de Canterbury (1942-1944), "Cuando oro, pasan coincidencias, y cuando no, no pasan." En relación con mi autoridad como seguidor de Cristo, mis experiencias apuntan al mérito de tomar una postura pro-activa y declarar mi posición en Cristo.

El primer ejemplo sucedió cuando era adolescente. Ibamos de regreso a casa, veníamos del servicio del Domingo por la noche. Mi papá conducía. Viajábamos por la carretera Interestatal 71 cuando alcanzamos la cima de una larga cuesta. Desde el asiento trasero, alerté a papá que algo estaba pasando al final de la bajada. Estábamos a punto de descubrir que había hielo negro en la carretera y que los carros estaban patinando fuera de control, hacia el final de la bajada. Mi papá empezó a frenar pero fue en vano; de hecho, continuamos descendiendo a mayor velocidad y con menor control, avanzando a toda velocidad hacía los carros que se habían salido de la carretera. En la confusión, la gente había empezado a dejar sus vehículos, y nosotros nos dirigíamos justo hacia una familia que estaba saliendo de su carro. No sólo íbamos a chocar su auto, íbamos a atropellarlos en el proceso. Mi madre puso su mano sobre el tablero y declaró: "¡Jesús líbranos!" Según recuerdo, nos detuvimos inmediatamente, a sólo unos metros de la familia. Aunque no puedo probar que su ruego controló la situación, parecía físicamente imposible detener nuestro carro.

El segundo evento ocurrió en Malí. Estábamos en una temporada de evangelismo activo en el quartier de Daoudabougou. Dios había estado liberando un número de manifestaciones del reino, incluyendo sanidad, liberación de espíritus malignos, y gente iniciando una relación con Él a través de Jesucristo. Todo lo hacía Dios, pero su agente de ministración era un evangelista de Burkina Faso, que predicaba y después invitaba a la gente a ser sanada. Dios estaba haciendo su obra, y por el testimonio de la gente que experimentó sanidad, las multitudes expectantes comenzaron a reunirse para conocer a Dios, o por lo menos ver Su poder desatado. La noche que recuerdo, el pequeño patio de nuestra iglesia tenía más de 1.000 personas reunidas para escuchar el nombre de Jesús exaltado. El coro estaba cantando, en preparación de la predicación y ministración cuando una violenta tormenta empezó a rugir. El viento que aulló frente a las nubes llenas de lluvia no sólo levantó el polvo rojo del suelo de Malí, estaba doblando los postes que sostenían las pancartas y el equipo de sonido. Cuando una tormenta se levanta de esta forma, la gente se va a sus casas volando con una violencia similar.

Yo me fui al trasero del patio con mi hijo quien tenía como siete años. Nos arrodillamos bajo un árbol de mangos, pusimos nuestras manos sobre el viento, y le ordenamos a la tormenta que cesara. Lentamente el viento se calmo, y continuamos con nuestra anunciación del evangelio del reino. Dudo que yo era el único que oró, ya que teníamos otros seguidores de Cristo malienses en el evento. Sin embargo, cuando dejamos Daoudabougou esa noche, nos dimos cuenta de la naturaleza de la intervención. En todas las direcciones desde el patio de la iglesia la tormenta había dejado un daño significativo. Charcos grandes delineaban el camino, pero toda el área dentro de un kilometro de donde estaba la iglesia estaba sin tocar—literalmente seca. ¿Coincidencia? No puedo probar que fue un milagro sobrenatural pero todas las señales apuntan a ello.

En estas dos situaciones de mi vida hay un principio subyacente. En cada caso, la intervención dio como resultado mostrar la gloria de Dios y restaurar relaciones con Él—no precisamente hacer nuestra vida más cómoda. En la primera situación, la familia que estaba saliendo de su auto eran nuestros vecinos. El aparente milagro que hizo que nuestro auto se detuviera de repente provocó una conversación posterior entre mi mamá y la otra señora acerca de la fe. Esto resultó en que la familia decidiera tener una relación activa con Dios a través de Cristo. Así mismo, la naturaleza milagrosa de la intervención en Daoudabougou restauró la relación con Dios de mucha gente. En cada caso, la oportunidad consecuente de proclamar la gloria de Cristo hizo el momento más significativo que simplemente orar por un viaje seguro o por un clima agradable para un día de campo o un juego de pelota. De nuevo, necesitamos recordar que no estamos haciendo a Dios el dispensador de buena fortuna a nuestra disposición. Estas intervenciones son siempre parte de Su proyecto de restauración.

Yo no me adjudico el saber cómo funciona. No presumo que estos son resultados automáticos de tomar la autoridad espiritual. Sólo puedo controlar aquello que ya está alineado con el diseño de Dios. Este es el mismo principio que atar y desatar en las Escrituras: "Todo lo que atares en la tierra será atado en los cielos" (Mateo 16:19). He orado con autoridad en otros momentos que parecían igualmente importantes sin ver resultados similares. No sé dónde termina la soberanía de Dios y el señorío del príncipe de este mundo comienza. No sé dónde exactamente estoy parado entre estos dos reinos opuestos. No sé cuándo lo que considero obviamente importante para el avance del Evangelio es sólo mi deseo bien intencionado. Pero he llegado a reconocer la diferencia de pararse pasivamente entre estas dos realidades rivales y tomar una postura activa en el nombre de Jesús. Y he llegado a un punto en mi camino donde he dejado de tratar de descifrarlo todo. Yo comando desde mi posición, en el nombre de Jesús, sabiendo que Dios sólo liberará aquello que se alinea con Su formato. No quiero perderme Su formato por ser silencioso.

La Provision y el Reino Desatado

Hay manifestaciones del reino o beneficios que también tocan nuestra vida cuando nos agarramos de nuestra autoridad espiritual. Esto incluye plenitud, sanidad, libertad y bendición—lo que yo llamaría intervenciones divinas para cambiar el orden natural. Jesus nos recuerda que tengamos un orden correcto en la busqueda de estas cosas. "Mas buscad primeramente el reino de Dios y su justicia, y todas estas cosas os serán añadidas" (Mateo 6:33). Jesús declara esto en la mitad de una enseñanza acerca de tener los tesoros correctos en la vida y no preocuparnos de la provisión diaria. Podríamos asumir que está diciendo que debemos tolerar la vida cuando no funciona de la forma que queremos. Sin embargo, esta suposición no cabe en el contexto; Jesús colocó el pasaje de la preocupación entre dos claras enseñanzas acerca de oración atrevida, donde somos mandados a pedir sagazmente por los beneficios del reino. Cuando entendemos nuestra autoridad espiritual esto lleva nuestra indagación a un mayor contexto de restauración del reino de Dios a nuestro mundo.

En la introducción, conté la historia de los padres que estaban angustiados porque su hijo se despertaba con terribles pesadillas. Esto sucedió durante mucho tiempo. Ninguna cantidad de cuidados prácticos dio resultados. Después en secreto ungieron su recamara con aceite y tomaron su autoridad como guardianes espirituales de la puerta de su hogar. Eso finalmente trajo una paz fresca a las noches de la familia.

Poco después de este evento, estaba enseñando en Australia, y usé su testimonio para hablar de consagrar gente, lugares y cosas al Señor a través del acto de ungir con aceite. Expliqué que nuestra confianza no está en el aceite, ni siquiera en nuestra habilidad para orar. El aceite es una muestra externa que moviliza la fe interna y también hace una declaración al mundo espiritual. La clave es saber nuestra posición en Cristo y ungir en total conciencia de nuestra autoridad.

Después de la enseñanza, un joven vino a mí. Su hijito no había podido hablar y luchaba para ordenar las palabras de forma que pudieran comprenderse. Esto creó todo tipo de frustraciones en él y su familia. El joven preguntó: "¿Puede ser esto obra del enemigo, y qué debo hacer?" Le aconsejé que ungiera el cuarto de su hijo y también al niño mientras dormía, sin conocimiento de su hijo. Unas semanas después recibí el siguiente correo electrónico:

"Un día después del seminario, nosotros, como familia, oramos y ungimos nuestra casa, al igual que a nuestros hijos. Nos sentimos conducidos a orar específicamente por nuestro hijo de 2 años y medio, pidiendo al Señor que desatara su lengua, ya que él no había logrado aún comunicarse apropiadamente, causando mucha frustración, berrinches, y preocupación de nuestra parte. A lo largo de la siguiente semana presenciamos un cambio dramático en su hablar. Comenzó a comunicarse más efectivamente, aprendiendo nuevas palabras—¡¡Por hora!! Algo que no habíamos experimentado con él hasta este punto. Alabado sea el Señor y gracias por compartir su revelación y su propia experiencia."

Podría contar docenas de historias de lo que pasa cuando usamos la autoridad en contra del reino de las tinieblas en la vida de la gente que nos rodea. He estado involucrado en el ministerio de liberación por casi veinticinco años. La primera vez que un demonio me habló por medio de una persona, yo no estaba preparado, no tenía entrenamiento para saber como guiar a esa persona a la sanidad interior y a la liberación. Estaba firmemente parado en la palabra de Dios, así que creía que había un espíritu de las tinieblas que se nos oponía, pero no tenía ningún conocimiento experimental de cómo responder a ese mundo. Tenía un abordaje defensivo en vez de uno ofensivo para liberar a las personas.

Estaba convirtiéndome en un teólogo del reino y empezando a entender la noción de mi autoridad en Cristo. Ahora me doy cuenta que era Dios preparándome, en mi ignorancia, para realmente vivir Su llamado completo en mi vida—predicar el reino, sanar a los enfermos, y echar fuera demonios. Ya que este no es el llamado exclusivo de algunos, sino la herencia de todos los que tenemos una relación con Dios a través de Jesucristo.

En ese primer encuentro hace unos veinticinco años, sin entrenamiento, pero posicionado en Cristo con autoridad y dirigido por el Espíritu Santo, eché fuera tres demonios de aquella joven. Esa noche sin duda alguna los demonios eran mucho más poderosos que yo, pero también vi cómo mi autoridad en Dios triunfó sobre su poder. Los espíritus hicieron un espectáculo intimidante, pero yo tenía una sensación de control sobre la situación, y me prestaban atención cada vez que yo les hablaba porque yo hablaba en el nombre de Jesús. Antes de la liberación, cuando la joven se veía en el espejo, miraba demonios, y cuando asistía a servicios de alabanza, la música sonaba como un retiñente ruido en su mente. Después de la liberación, ella pudo ver sus propios ojos en el espejo, y fue envuelta de gozo y paz durante la alabanza.

Desde esa primera liberación, he guiado a cientos de personas a separarse de los espíritus que los atormentan y les hacen su vida más difícil de lo necesario. Estas ataduras e influencias van desde problemas crónicos hasta contratiempos fastidiosos. También he participado en dirigir oraciones por limpieza del pasado. He visto a otros tomar la autoridad y hacer lo mismo por sí mismos y por otros. Y he visto el fruto de las vidas transformadas. En el fundamento de cada una de estas historias está la reposición de nuestro llamado a ejercitar autoridad en este mundo.

De la misma forma, la provisión de bendición es desatada en múltiples maneras por medio de la oración autoritaria activa. He visto personas que oran por vender su casa (que ha estado en el mercado por más de un año) y ponerla en contrato el siguiente día. Otra vez, la intervención y la bendición no son respuestas garantizadas; siempre fluyen dentro de la estructura de lo que Dios está obrando. En el caso de la casa que había estado en el mercado por mucho tiempo, los dueños eran activos en su fe y tenían una fuerte práctica de oración intercesora y de petición. Yo incluso les había nombrado guerreros de oración. Aun así, inmediatamente después de haber escuchado mi enseñanza sobre la autoridad espiritual, ellos oraron con un nuevo sentido de autoridad—y recibieron una oferta por su casa el próximo día y cerraron la transacción en tiempo récord. En esa situación, parece que ellos vencieron algún tipo de oposición contra su provisión.

Una vez me visitó un ministro que oró por mí con autoridad para romper una maldición financiera que había sido puesta sobre mí a través de un ministerio en el que había servido previamente. El ministro no sabía ningún detalle de mi historia, sólo que yo era pastor. Lo que él no sabía era que yo tenía una extensa deuda debido a múltiples factores, particularmente por malas decisiones tomadas por un contador durante tres años que dieron como resultado que yo necesitara pagar tres años de impuestos no declarados. Mientras el ministro oraba por mí, discernió esta maldición financiera, la rompió con autoridad, y declaró que venía un cambio. Oró por mí un sábado; la siguiente semana me entregaron $24,000, y durante los próximos meses $12,000—un impulso significativo para el proceso de eliminación de nuestra deuda. No puedo probar que su uso de mandatos autoritarios en oración tuvieron conexión con las provisiones inesperadas, pero sí me parece una extraña coincidencia.

Quiero recalcar que no soy un teólogo "nómbralo y reclámalo". Dios no es el dueño de la gran tienda de dulces en el cielo esperando a que nosotros pidamos para Él poder repartir golosinas. Yo sí creo que Dios es Jehová Jireh, "el Señor que ve" o "el Señor nuestro proveedor" (Génesis 22). Yo sí creo que toda buena dádiva y todo don perfecto viene del Padre de las luces (Santiago 1:17). Yo sí creo en los principios de trabajo arduo y fiel mayordomía de esta provisión. El propósito primordial de Dios no es que yo sea rico, en el sentido financiero, como algunos teólogos "nómbralo y reclámalo" sugieren. (Ver la sección de sufrimiento anterior). Dios quiere que yo sea rico espiritualmente en Cristo—y ese es su deseo para todos. Si yo voy a ser rico financieramente, es para que pueda dar tanto como sea posible. Quiero evitar el balanceo extremo del péndulo de la teología práctica mientras trato de reconectar a la gente con su autoridad en Cristo.

He observado áreas de algún pueblo o región abrirse al evangelio después de que la gente tomara las calles con autoridad para orar. En Malí, observé unas personas que se habían resistido a las buenas nuevas del reino por más de setenta años—incluso cuando sus hermanos (la misma tribu) al otro lado de la frontera en Burkina Faso habían respondido al evangelio en gran número. Así también, algunas de las tribus en Malí habían respondido afirmativamente a estas buenas nuevas y habían experimentado fertilidad, aún así este grupo seguía resistiendo. Todo esto cambió cuando un grupo de mujeres pasaron toda una semana en ayuno y oración, con un nuevo sentido de autoridad en Cristo, antes de que un grupo de evangelismo fueran a pasar una semana en la aldea para hablar de Jesús y su reino. Todo cambió esa semana. Este no era el primer intento de alcanzar esta aldea, pero sí fue el primer intento con éxito. Una nueva, pequeña congregación nació en el despertar de esta oración autoritaria y testimonio fiel. Otra vez, no puedo probar que esto resultó de las oraciones de esas mujeres, pero la coincidencia parece bastante grande.

La misma conversión sucedió en el pueblo de Nyack, Nueva York. Uno de los equipos evangelísticos liderados por los colegiales había pasado siete años testificando sin ningún fruto de conversión. Entonces, un grupo de estudiantes se movilizaron tomando su autoridad en las calles, en oración. Por una semana, saturaron la comunidad con oración. Esa noche de viernes, tres personas respondieron afirmativamente al evangelismo activo en la calle. ¿Coincidencia? Puede ser. Pero hasta una mente escéptica puede ver la conexión: siete años, sin éxito; una semana de oración intensa, éxito inmediato. Mi experiencia de vida y observación es que cuando la gente ora con autoridad, las bendiciones del reino de Dios parecen liberarse con mayor impacto. ¿Hay una mayor bendición cuando las personas se mueven del reino de las tinieblas al reino de la luz? Atendamos de nuevo las palabras de Jesús, "Pero no os regocijéis de que los espíritus se os sujetan, sino regocijaos de que vuestros nombres están escritos en los cielos" (Lucas 10:20).

Las experiencias de fe se preservan en narración en forma de testimonio. La fe nunca se puede "probar" en un sentido científico pero todo compartir de historias y eventos está sujeto al mismo sentido de narración subjetiva. Es muy difícil para mí saber que historia contar. Hay tantas. ¿Esto significa que no he tenido dificultad en mi vida? ¡Absolutamente no! A veces he tomado una posición firme y autoritaria sobre mi carne, trayéndola bajo mi autoridad espiritual como uno crucificado con Cristo. En otras ocasiones he fallado en mi posición y he actuado ese deseo carnal. Otras veces, he tomado una posición muy fuerte de autoridad contra los sistemas de este mundo que se mueven contra mi progreso espiritual y el de la comunidad de fe a la que sirvo. En otros momentos, he sido cómplice al simplemente ir con la corriente. El resultado fue que la bendición de Dios no fluyera con la misma intensidad. Algunas veces he izado bandera en mi territorio, anunciándole al reino de las tinieblas que mi familia está fuera de su alcance. Otras veces me agarraron con la guardia baja, sin usar discernimiento, aún después de años de reconocer las tinieblas a mi alrededor. Pero todo de alguna manera esta envuelto en el proceso de ser más que vencedor en Cristo. En este proceso, estoy aprendiendo a reinar con él como su coheredero. Finalmente, esto realmente se reduce a mi relación con Dios a través de Jesús y mi cooperación activa con Él para ver a Jesús glorificado como rey mientras ayudo a otros a entrar a la plenitud de esa relación con Él. Déjame mencionarlo de nuevo, "regocijaos de que vuestros nombres están escritos en los cielos" (Lucas 10:20).

Una de las reacciones inmediatas del llamado a usar la autoridad es la preocupación por la posibilidad de su uso inadecuado. El mal uso de nuestra autoridad es posible siempre. No obstante, de la misma forma que no evito el

CAPÍTULO SEIS

Guía Práctica

L a autoridad espiritual es una función de relación y posición, no de rendimiento. No es un resultado de madurez espiritual, aunque entre más maduros somos y más cómodos nos sentimos con nuestra identidad en Cristo, mejor estaremos preparados para apropiar nuestra autoridad. No debemos confundirla con la llenura del Espíritu Santo. Sabemos que la llenura del Espíritu Santo es una práctica diaria que hace posible la Cristo-vida. Debemos rellenarnos diariamente con el Espíritu Santo porque "goteamos." La autoridad, por otra parte, no mengua ni fluye como la unción del Espíritu Santo, porque nuestra autoridad espiritual está vinculada a nuestra posición en Cristo. Esto sugiere que nuestra autoridad como creyentes no se compara con la profundidad o calidad de nuestro caminar espiritual. A veces podemos estar en el lugar equivocado espiritualmente, y aún así logramos permanecer firmes con un magnífico resultado apoyados por nuestra posición en Cristo. Sin embargo, en esos momentos el enemigo de nuestra alma, que es llamado "acusador de nuestros hermanos" (Apocalipsis 12:10), desafiará nuestro sentido de seguridad y nos hará dudar de nuestra posición o postura. Ante esta realidad, es importante recordar que nuestra autoridad fluirá mejor cuando otros aspectos de nuestra vida estén alineados con la voluntad de Dios. Por lo tanto, lo más sensato es que aprendamos los principios que van detrás del uso consistente de autoridad para que podamos operar sin un sentido de complicidad o de vacilación.

El Principio del Embajador

De la misma manera que la autoridad y el señorío se nos asignaron en la Creación, estos se nos delegan de nuevo en la re-creación. Jesús es el rey, y la fuerza detrás de nuestra posición autoritaria es su reino. Él nos encomienda esa autoridad como mayordomos o embajadores. Los embajadores no tienen poder propio. Sólo pueden representar la soberanía que los ha comisionado como embajadores para actuar en su nombre. El apóstol Pablo aplica este concepto a nuestro llamado como ministros de reconciliación: "Así que, somos embajadores en nombre de Cristo, como si Dios rogase por medio de nosotros" (2 Corintios 5:20).

Así, una de nuestras tareas es que alineemos nuestra voluntad con la del Padre para que ejerzamos autoridad como Él lo desea. Jesús fue bien claro: Yo hago lo que el Padre hace, voy donde el Padre va, hablo lo que escucho del Padre. ¿Está de acuerdo con la voluntad de Dios lo que trato de hacer con mi autoridad? ¿Es eso lo que el Padre quiere? Además, debemos discernir el tiempo del Padre también.

Podríamos ser convencidos a tomar acciones del reino que coinciden con todo lo que conocemos de Dios y Su deseo de restaurar el reino. Sin embargo, si no es Su tiempo, podemos forzar erróneamente el asunto y terminar con un resultado indeseable. La clave de todo esto es nuestra "relación," con el rey, ella es la que asegura una fuente de comunicación que nace de la intimidad. El embajador necesita mantener las líneas de comunicación abiertas con el rey.

El Principio de Comunidad

No sólo debemos ejercitar autoridad en sumisión al Padre, sino debemos usarla en sumisión a los demás, especialmente a los de la comunidad cristiana. El redescubrimiento de nuestra autoridad espiritual tiene un impacto increíble. De repente, vemos a Dios obrar por nuestro comando con tal facilidad donde antes sólo veíamos dificultad. Como Jesús, empezamos a movernos con una actitud que anuncia "¡El reino de Dios está aquí!" Con estos resultados, nuestra confianza crece. Subsecuentemente debemos tener cuidado de que nuestra confianza esté fundamentada principalmente en nuestra posición con Dios; la confianza fundamentada en actuación o resultados puede volvernos presumidos.

Un error común es asumir que sólo nosotros conocemos la mente de Dios y cuál es Su intención para cada situación. Veo esta mentalidad cerrada y arrogancia subsecuente en individuos y en ramas enteras de la comunidad de la fe (o sea denominaciones). Debemos aplicar nuestra autoridad con una actitud de sumisión mutua a otros miembros del cuerpo de Cristo. Hacerlo nos mantiene alejados de volvernos autocomplacientes, monopolios espirituales. La idea de sumisión mutua nos dirige naturalmente al siguiente principio, la humildad.

El Principio de Humildad

Ya que la autoridad no se trata de rendimiento, sino sólo de mayordomía, nada en su aplicación es de autoexaltación. El uso de nuestra autoridad no es para impresionar a la gente o presumir espiritualmente. Nuestra seguridad e imagen propia fluyen de saber quienes somos en Cristo, no de un ministerio notable. En el núcleo de esta realización hay una plenitud de vida donde entendemos que todo progreso en nuestra vida es un resultado de Dios trabajando en y por nosotros, no un resultado de nuestro rendimiento. Me gusta la expresión del Padre Richard Rohr, "Nada que probar, nada que proteger." Cuando operamos desde el fundamento que Dios trabaja por medio nuestro, no sentimos ninguna compulsión de ser reconocidos por los demás.

Cuando los setenta y dos discípulos regresaron a Jesús y reportaron el impacto de su autoridad recién descubierta, Jesús fue más bien indiferente con su respuesta. "Les he dado autoridad"—o sea, "esperaba que vieran manifestaciones del reino." Luego les recuerda que no se regocijen en las manifestaciones o el impacto si no que encuentren su gozo en que sus nombres estén escritos en el cielo. Nuestra relación y posición con Dios son mucho más importantes que lo que podamos hacer en Su nombre.

He escuchado que algunas personas usan el mismo pasaje para limitar el uso de nuestra autoridad, concluyendo que Dios no quiere que ejerzamos autoridad, sino sólo que nos regocijemos en nuestra relación con Dios. Esta pasividad no fue la intención de Jesús. Así mismo, una falsa humildad reflexiva hace que algunos tengan miedo de usar su autoridad espiritual:*¿Cómo podemos asumir una forma de actuar tan atrevida en el nombre de Jesús?* Mientras que algunos seguidores de Cristo encuentran presuntuoso el operar con tal atrevimiento en la cara del enemigo de nuestra alma, yo considero que fallar en hacer esta arrogante rebelión es muy parecido a cuando originalmente perdimos la asignación que Dios nos dio de señorear. Uno de mis estudiantes lo escribió de esta forma:

> Es un rechazo a Cristo vivir con miedo y no aceptar la autoridad que Dios me da en Cristo...Cristo no venció a la muerte para que no tuviera ningún significado o poder...Por lo tanto, me fue investida la responsabilidad de hablar la palabra de Dios, atando las obras estériles de Satanás, y vivir de formas que sean un resultado de la victoria de Dios y el reino de Cristo.

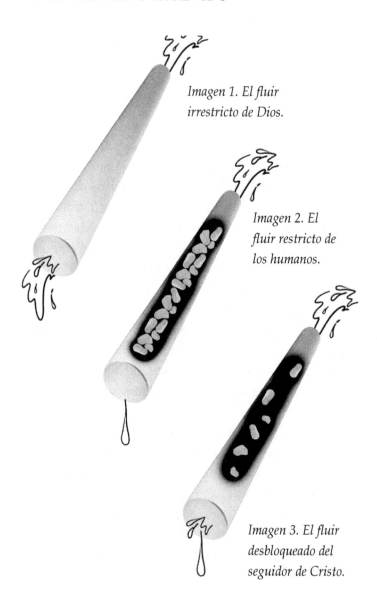

Imagen 1. El *fluir irrestricto* de Dios.

Imagen 2. El *fluir restricto* de los humanos.

Imagen 3. El *fluir desbloqueado* del seguidor de Cristo.

El Principio de Amor

La autoridad mal usada enoja a Dios. La autoridad siempre debe fluir en una corriente de amor. No está hecha para beneficiar al poderoso, tampoco puede ser usada para lastimar al indefenso. Justo después que los apóstoles usaron la autoridad para traer sanidad (Lucas 9:1-6), querían usarla para castigar a la gente en una aldea samaritana que no acogió a Jesús (Lucas 9:51-55) ordenando fuego del cielo. Pero Jesús los reprendió. Curiosamente, el verbo griego traducido como "reprendió" (επιτιμαω)es el mismo verbo usado para describir la orden que le dio Jesús al espíritu maligno que afligía a un hombre (Lucas 4:35). Jesús desaprueba nuestro abuso de autoridad espiritual con la misma pasión que tiene contra la destrucción demoniaca.

De alguna forma la autoridad soberana de Dios tiene la habilidad de proteger la dignidad de la gente honrando su libre albedrío. Él cautiva pero no manipula con Su poder y autoridad. Dios honra la integridad de aquellos a quienes se acerca. Él no forzará la bendición que fluye de Su autoridad hacia la gente. Esto se ve en el mover de Jesús, quien operó con autoridad cambia-vidas; sanidad y liberación fluían de Él. No obstante, cuando regresó a su ciudad natal, "no pudo hacer allí ningún milagro, salvo que sanó a unos pocos enfermos, poniendo sobre ellos las manos" (Marcos 6:5). Marcos nos dice que él estaba asombrado por la incredulidad (6:6). Escondida en este mensaje encontramos la noción de que Dios no fuerza sus beneficios en la gente. Ellos eligen el camino de la bendición o deciden permanecer bajo el impacto de la maldición. El amor invita y sujeta al otro con un gran sentido de dignidad.

El Principio de Enfoque en el Reino

No debemos buscar autoridad sino buscar al rey. Es fácil enfocarse en revelar el reino y hacer la manifestación nuestro objetivo. Más bien, el propósito es glorificar al rey por medio de una relación más profunda con Él—¡conocer a Cristo! Podemos enamorarnos tanto de las manifestaciones del Espíritu Santo que nos perdemos la bendición mayor, que es el sentir la íntima presencia de Dios a través de la llenura del Espíritu. Entre más camino con Dios más me deleito en lo que considero Su más grande promesa: "Yo estoy contigo" o "¡Nunca te dejaré!" Curiosamente, esta promesa casi siempre sigue al mandato más frecuente de las Escrituras, "¡No temas!" Todos los otros beneficios de Sus promesas son buenos, pero el sentir Su presencia manifiesta es el mejor. Como David clamó con arrepentimiento, "No me eches de delate de ti, y no quites de mí tu santo Espíritu" (Salmos 51:11).

Bobby Clinton, en La Formación de un Líder, sugiere un enfoque similar para el liderazgo: "Un líder no busca autoridad espiritual; un líder busca conocer a Dios." Conocer a Dios—teniendo una relación con Él—garantiza una posición de autoridad. Cuando buscamos primero al rey y su reino, podemos vivir con la seguridad que Su presencia será equivalente a cualquier situación que enfrentemos.

Eso es importante porque en las Escrituras está claro que Dios muy a menudo da confirmación al mensaje de sus siervos por medio de la manifestación del reino. Cuando Juan el Bautista envío a sus seguidores a confirmar la identidad de Jesús como el Mesías, estos preguntaron, "¿Eres tú aquel que había de venir?" Jesús respondió: "Id y haced saber a Juan las cosas que oís y veis" (Mateo 11:2-4). Lo que ellos vieron y oyeron fue la demostración del reino. El apóstol Pablo declaró, "y ni mi palabra ni mi predicación fue con palabras persuasivas de humana sabiduría, sino con demostración del Espíritu y de poder" (1 Corintios 2:4). La traducción de este versículo en muchas versions no captura la intensidad de la expectación de la demostración de Pablo. En griego es literalmente "espíritu y poder" (πνευ–ματοσ και δυναμασ). Más aún, al contar la historia de la iglesia primitiva, Lucas varias veces señala la confirmación de la mano de Dios por medio de señales y prodigios como algo vital para proclamar la palabra de Dios; mira las historias de Felipe (Hechos 8:6), Pedro (Hechos 10), y Bernabé y Saulo (Hechos 14:3).

Todos estos ejemplos de los primeros seguidores de Cristo que presenciaron milagros pueden hacernos sentir como si de alguna manera nosotros no les igualamos. Esto ha causado que algunos desarrollen una teología cesacionista, que sugiere que las señales y maravillas no son para estos tiempos. Esta explicación expone una desafortunada, y más bien superficial visión del Mundo.

Primero, cuando vemos la cronología de la Biblia, vemos que a menudo, durante la vida del líder espiritual, largos periodos de tiempo pasaron entre cada hecho prodigioso de Dios. Puede haber simplemente menos de medio centímetro de espacio en blanco en la Biblia separando estos eventos divinos, pero pueden realmente ser veinte años de la vida del siervo de Dios. Sólo Jesús parece emanar con regularidad, e incluso diariamente, las manifestaciones del reino.

Segundo, nuestro llamado es a ser fieles y permitirle a Dios ser fructífero a través de nuestra fe. Pablo lo dice de esta forma: uno planta, otro riega, pero sólo Dios hace crecer (1 Corintios 3:5-9). Esto señala la importancia de buscar el reino primeramente, confiando en que Su manifestación y demostración del mismo, en la forma que sea, es suficiente para el momento.

El Principio de Plenitud

La autoridad espiritual fluye más plenamente cuando estamos más completos. Una pregunta que se me plantea muy a menudo es ¿por qué es que Jesús parecía tener una corriente tan fuerte de la autoridad del reino, mientras que para nosotros parece que fuera un chorrito? Cuando vemos el recuento de sus tres años de ministerio terrenal, estos están repletos de manifestaciones divinas. Jesús sanó a muchos, echó fuera muchos demonios, todos los enfermos y afligidos por demonios de la aldea fueron traídos a él (Marcos 1:32-34), y la gente lo buscó como su última esperanza. Entonces ¿por qué las manifestaciones están tan limitadas para nosotros?

Jesús era completamente humano, como nosotros. El escritor de la epístola a los Hebreos indica, "Por lo cual debía ser en todo semejante a sus hermanos...para expiar los pecados del pueblo" (Hebreos 2:17). Sin embargo, Jesús vivió su vida humana con una gran diferencia—él no nació con el pecado original y no practicó el pecado. Él cargó la debilidad, la limitación humana, y hasta el desafío de la tentación, al igual que nosotros. El escritor de Hebreos nos recuerda que Jesús fue tentado en todo, "pero sin pecado" (4:15).

Me gusta usar la imagen de la tubería para explicar la diferencia (ver el siguiente diagrama). Usando la imagen de la tubería, podemos ver que la autoridad fluye de Dios para ambos Jesús y nosotros. La autoridad de Dios no es para estar estancada o contenida sino para dejarla fluir. En el caso de Jesús, el fluir no estaba restringido (Imagen 1). En contraste, cuando la autoridad fluye en nosotros encuentra un número de bloqueos—pecado original, pecado practicado, heridas que se crean por nuestro pecado y pecado cometido en nuestra contra, creencias falsas, y más (Imagen 2). Entre más se limpia nuestra vida de estas obstrucciones, más fácil es el fluir de la autoridad y mayor la fuerza (Imagen 3). Jesús llevó las transgresiones de nuestros pecados en la cruz. Cuando aceptamos permitirle llevar nuestros pecados, los problemas de nuestro pecado al nacer y en práctica se rectifican. Cristo se volvió pecado para que pudiéramos ser justos—frente a Dios. Nuestra tubería está limpia.

Cada vez que volvemos a pecar podemos regresar en confesión para una limpieza fresca. Más allá de la limpieza, el pecado pierde su poder sobre nosotros, y tenemos la fuerza para vivir una nueva identidad en santidad. Vivir en santidad protege a la tubería de llenarse de nuevo. Podrían haber aún consecuencias o heridas del pecado pasado, ambos los que hemos cometido o los que nos han sido perpetrados contra nosotros. La sanidad interna remueve los lazos de las heridas del pasado. Con cada experiencia y nivel de sanidad, la tubería abre más el paso a una avalancha de autoridad del reino.

Esta imagen no tiene la intención de alentarnos a tratar de hacer más o realizar más para poder facilitar el fluir de la autoridad. Esto pone el proceso al revés. Busca primero al rey y Su reino. Es en una relación íntima en que nos vemos como realmente somos y le permitimos a Su plenitud volverse nuestra realidad personal. Con la plenitud llega un fluir natural de Su poder divino.

El Principio de Alineación con la Autoridad Terrenal

Entonces ¿cuál es la conexión entre la autoridad espiritual y las autoridades terrenales? No siempre existe una relación directa, pero alinear la autoridad terrenal a la autoridad espiritual fortalece. La autoridad espiritual siempre triunfa sobre las otras autoridades. Esto se indica claramente en la respuesta de Jesús a Pilato (Juan 19:11). Todas las autoridades fluyen de Dios al final. Cuando las autoridades chocan, la ética del reino siempre toma prioridad. Por eso, a veces Jesús urge a sus seguidores a honrar a las estructuras políticas, mientras que otras veces desafía abiertamente a las autoridades políticas y religiosas.

El apóstol Pablo lleva esta noción más allá al llamarnos a sujetarnos a las autoridades terrenales, aun cuando estas no están operando en completa obediencia a Dios (Romanos 13:1-7). El apóstol Pedro llama a la misma sumisión (1 Pedro 2:13-17). Adicionalmente, ambos señalan el fluir de la autoridad en las estructuras familiares, particularmente en la relación del matrimonio (Efesios 5:22-23, 1 Pedro 3:1-7). Estas instrucciones necesitan ser entendidas en el contexto de la ética del reino de Cristo, en el cual la autoridad nunca se usa para manipular, sino para servir y proteger.

Al igual que con el principio de la plenitud, cuando las autoridades terrenales se alinean y cooperan con la autoridad espiritual, el fluir de la autoridad divina es mayor.

Daré un ejemplo de mi propia vida. Yo estoy sometido a Jesús como rey sobre mi vida y sobre todas las áreas de mi vida que extienden influencia sobre otros. Del fluir de esta autoridad, yo debo ejercitar autoridad todo el tiempo, más importantemente en las áreas donde mi influencia personal impacta a otros.

Primero, me considero un guardián de la puerta espiritual para mi familia inmediata. En ese sentido, yo ejerzo autoridad para cerrar las puertas espirituales al reino de las tinieblas y para abrir las puertas al reino de la luz. Yo estoy parado en la muralla invitando el flujo de la bendición y resistiendo el impacto de la maldición (Deuteronomio 28). Cuando los miembros de mi familia aprueban y cooperan con esta estructura de autoridad, experimentan un mayor fluir de la autoridad de Dios y revelan la presencia del reino en sus propios lugares de influencia. Mis hijos son adultos ahora y no necesitan quedarse bajo mi autoridad, pero es para su provecho. Cuando eran niños, eran bendecidos al ser obedientes. Ahora que tenemos una relación adulta son bendecidos al honrarme, aun cuando no son llamados necesariamente a obedecerme. Aun cuando ellos desarrollan su propio sentido de autoridad espiritual y ejercen esa autoridad por el bien de los demás, pueden alinearse a la tutela espiritual que yo les ofrezco.

Todas las áreas de la vida en las que tengo influencia o liderazgo pueden tener un nivel de alineación similar. Como pastor, también vigilo a mi familia espiritual. Ellos son bendecidos al honrar esa estructura. Esto no es opresivo sino libertador, siempre que yo lidere como un siervo y no para auto ganancia. Esto hace que las instrucciones de Hebreos cobren vida.

> Acordaos de vuestros pastores, que os hablaron la palabra de Dios; considerad cuál haya sido el resultado de su conducta, e imitad su fe.
>
> (Hebreos 13:7)

> Obedeced a vuestros pastores, y sujetaos a ellos; porque ellos velan por vuestras almas, como quienes han de dar cuenta; para que lo hagan con alegría, y no quejándose, porque esto no os es provechoso.
>
> (Hebreos 13:17)

Este verso explica el carácter del liderazgo y el beneficio del discipulado.

Mi esposa y yo hemos corregido y memorizado la Lórica de San Patricio (ver Apéndice 3), y la recitamos en declaración de oración como guardianes de la puerta espiritual y liberadores de autoridad para las áreas y la gente bajo nuestra influencia y liderazgo. La oración está llena de declaraciones de protección bajo Dios y el trabajo terminado de Jesús, y cierra con la frase: "Al avanzar a este día apropio todo esto para mí y para todos los que están bajo mi autoridad e influencia." Para mí esto no es sólo un ritual sino una alineación con mis estructuras de autoridad. Tomo esta responsabilidad muy en serio.

Con este reconocimiento de alineación, reconozco que somos llamados a veces para desafiar las autoridades terrenales. Nuestra lealtad definitiva es al reino de Dios. Cuando se afronta con compromiso, debemos escoger la ética del reino de Jesús. Daniel y sus amigos en el Antiguo Testamento escogieron la desobediencia civil sobre la idolatría de postrarse ante el rey. Jesús desafió autoridades religiosas manipuladoras. Un ejemplo más reciente es el de Martin Luther King Jr., cuando se opuso al pecado del racismo que practicaba la sociedad y que estaba protegido por el gobierno y las leyes. Crucialmente, su posición profética la hizo con la ética del reino: resistencia sin violencia. Esta era autoridad real incrustada en el principio del amor, y dio como resultado el cambio de las leyes y de algunas actitudes hacia un entendimiento más justo de la humanidad para nuestra nación. Todavía tenemos un largo camino que recorrer para acabar con la división racial, pero se dio un gran paso gracias al desafío a las autoridades terrenales.

Sin embargo, el hacerlo así no se opone a nuestra obediencia al reino de Dios, somos benditos por nuestra sumisión a estructuras de autoridad desinformadas o incluso injustas. Esto nos posiciona para la bendición de Dios y nos deja en un lugar que le permite a Él ser nuestro defensor y promotor. El Rey David utilizó este principio cuando lidió con el maniaco Rey Saúl. Aunque Saúl lo trató injustamente, David se rehusó a tomar represalias, y Dios ajustó las diferencias.

La autoridad del reino debe fluir en las maneras del reino. Este capítulo señaló algunos principios claves para el entendimiento y el uso consistente y siempre-creciente de nuestra autoridad como creyentes. Entre más avanzamos en el camino de Dios, más abundante es la manifestación de Su presencia. Entonces ¿ desde aquí a dónde vamos? Necesitamos apropiar o agarrarnos de nuestro llamado para estar alineados con Dios. En el próximo capítulo, doy algunas ideas prácticas de cómo entrar en este llamado.

CAPÍTULO SIETE

¿Entonces qué? y ¿Ahora qué?

Si la discusión de la autoridad espiritual permanece en el abstracto teológico o en la narración de victorias pasadas, se ha perdido el propósito de este libro. He escrito este libro de la autoridad espiritual en respuesta a mucha gente que me ha escuchado predicar o enseñar alrededor del mundo. Siempre que hablo de esta provisión para la jornada cristiana, la gente me pregunta si he escrito algún libro que explique más. Mi experiencia ha sido que todos los que han escuchado esta enseñanza y la han tomado en serio han visto cambios radicales al lidiar con la carne, el mundo y Satanás. Al decir esto, estoy reconociendo una vez más que el camino del seguidor de Cristo es una lucha. Si fuera fácil, no se nos habrían ofrecido las palabras del apóstol al final de su jornada: "He peleado la buena batalla, he acabado la carrera, he guardado la fe" (2 Timoteo 4:7). Tampoco el escritor de la Epístola a los Hebreos habría exhortado, "despojémonos de todo peso y del pecado que nos asedia, y corramos con paciencia la carrera que tenemos por delante" (Hebreos 12:1b). Así que ahora formulo las preguntas "¿Entonces qué?" y "¿Ahora qué?" como respuestas prácticas de cómo avanzar con nuestra autoridad espiritual.

¿Entonces qué?

Sabiendo que nuestra jornada es difícil, ¿por qué tratáremos de vencer la oposición espiritual con recursos limitados? La oposición está en contra nuestra: Tenemos el desafío de nuestra propia carne que se inclina contra Dios, un sistema mundano que se aleja de Dios, y el enemigo de nuestras almas que dirige un reino en contra de nuestro progreso (Efesios 2:1-3). Regresemos a la ilustración anterior del oficial de tránsito. Estamos parados en medio de la intersección, amenazados por el tráfico que se acerca—mucho más poderoso que nosotros. Nos atropellará si no alzamos nuestras manos con autoridad y declaramos "El reino de Dios está aquí." En Cristo hemos sido delegados a reinar en el nombre del rey, y cargamos toda la fuerza del reino de Dios detrás de esta declaración. Ya hemos denotado que las tres fuerzas que más se oponen son la carne, el mundo y Satanás (Efesios 2:1-3).

La batalla empieza en contra de nuestra propia carne—nuestra naturaleza pecaminosa. Aunque en Cristo somos declarados espiritualmente nuevos, aún estamos atados al primer Adán. Pablo captura esta lucha interior muy gráficamente:

Y yo sé que en mí, esto es, en mi carne, no mora el
bien; porque el querer el bien está en mí, pero no el
hacerlo...sino el mal que no quiero, eso hago...no
lo hago yo, sino el pecado que mora en mí...pero
veo otra ley en mis miembros, que se rebela contra
la ley de mi mente, y que me lleva cautivo a la ley
del pecado que está en mis miembros.

(Romanos 7:18–23)

Pablo está desesperado. Su carne es poderosa y se siente
aun más poderosa que su voluntad. Este no es el previo y
pre-discípulo Saulo hablando, como algunos comentaristas
argumentan. Este es el Pablo completamente vivo (Romanos 6:1-14) quien declara anteriormente en la misma carta,
"Porque no me avergüenzo del evangelio, porque es poder de
Dios para salvación a todo aquel que cree" (Romanos 1:16).
Después de profesar su lucha el clama, ¿quién me librará de
este cuerpo de muerte?" (7:24) En alabanza responde, "¡Gracias doy a Dios, por Jesucristo Señor nuestro!" Pablo no nos
está diciendo que escapemos de la lucha esperando que Dios
efectúe un cambio en nosotros. Somos llamados a tomar un
papel activo en nuestra posición en Jesús, y al hacerlo, tomamos autoridad sobre nuestra naturaleza carnal.

Diariamente en nuestro camino, también enfrentamos
las alas de oposición del sistema mundano que presionan
en contra del avance del reino. Incrustados en estos sistemas están las fortalezas, argumentos y pretensiones que se

levantan contra el conocimiento de Dios. De nuevo Pablo nos recuerda que no peleamos con armas del mundo, al contrario, con armas investidas con poder divino para derribar esas fortalezas y áreas de oposición (2 Corintios 10:3-5). Pablo usa ilustraciones de guerra debido a la naturaleza combatiente de la lucha.

Podemos ser fácilmente arrullados a dormir espiritualmente. Otro autor ha descrito la vida cristiana activa como el intentar subir al próximo piso usando gradas eléctricas que se mueven hacia abajo. En tal situación, debemos ejercer más energía sólo para mantenernos en el mismo lugar. Vivimos en un mundo que se mueve en contra de los principios del reino de Dios. Una postura pasiva también nos separa de nuestro destino. ¿Cómo vencemos esta corriente constante en nuestra contra? ¡Con nuestra posición de autoridad! Debemos tomar una postura activa.

Finalmente, hay un reino que se opone activamente a nuestro éxito. De nuevo el apóstol nos recuerda "Porque no tenemos lucha contra sangre y carne, sino contra principados, contra potestades, contra los gobernadores de las tinieblas de este siglo, contra huestes espirituales de maldad en las regiones celestes" (Efesios 6:12). En el centro de este sobrio recordatorio, nos exhorta a estar firmes, ser fuertes, y ponernos toda la armadura. ¿Cómo? ¡Con autoridad! Esa es una postura activa. El apóstol Santiago nos dice que resistamos al diablo y el diablo huirá (Santiago 4:7). Jesús mismo señaló que la iglesia necesitaría estar en plan de avance cu-

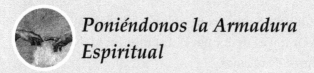

Poniéndonos la Armadura Espiritual

Dios, tú me has instruido por tu Palabra a ser fuerte en Ti y tu poder. Me has mandado a ponerme toda la armadura de Dios para que pueda estar firme. Me paro firme, y luego, con...

El Cinturón de la Verdad. El Cinturón de la verdad amarra todas las piezas de mi armadura. La parte interior del Cinturón representa la integridad. Quiero vivir en congruencia, donde mi persona exterior armonice con mi persona interior. Señor, me pongo el Cinturón de la Verdad, para mantenerme honesto y transparente en mis relaciones con los demás, y mantener mi confesión al día contigo. La parte exterior del Cinturón representa el discernimiento. Señor, al abrocharme el Cinturón, dame ojos espirituales para ver la oposición que se levanta en mi contra para que pueda tomar autoridad activa en su contra.

La Coraza de Justicia. La coraza cubre todos mis órganos vitales, pero más importante mi corazón. Jesús es mi justicia. Mis intentos de justicia por mi propia fuerza son como trapos de inmundicia comparados a tu justicia. Señor, al ponerme la Coraza de Justicia, soy recordado que he sido aceptado ante ti por medio de Jesús, y te pido que vivas Su justicia a través de mi por el Espíritu Santo. Nada puede separarme de tu amor.

Calzados con el Apresto del Evangelio de la Paz. Al estar reconciliado con Dios a través de Jesucristo, he sido llamado a ser embajador de reconciliación en este mundo. Señor, al calzarme con el Evangelio de la Paz, te pido que permitas que tu luz brille en mi vida para que la gente te vea. Y por tu gracia, que yo pueda ser un pacificador y no solamente un guardian de la paz.

El Escudo de la Fe. Estoy cada vez más consciente que tengo un enemigo de mi alma y que se opone a mí. Tomo el Escudo de la Fe para apagar sus dardos. La Fe es una postura activa a creer en tus promesas, Señor, en vez de creer en las mentiras del enemigo. En el centro de tus promesas hay dos realidades inmutables: nunca me dejarás ni me desampararás, y mayor es el que está en mí que el que está en el mundo. Así que estoy seguro.

El Casco de la Salvación. La sagacidad en la batalla viene a través del pensamiento correcto. Dos de las herramientas principales del enemigo de mi alma son las mentiras y la acusación. En el nombre de Jesús, me pongo el Yelmo de la Salvación y rechazo las declaraciones que el enemigo haga de mí. Señor, yo escojo Tus declaraciones sobre mí para moldear el proceso de mi pensamiento. Y escojo llenar mi mente con pensamientos de vida y no de muerte.

La Espada del Espíritu. La Palabra de Dios es la Espada del Espíritu. Esta es el arma ofensiva de mi armadura. Señor, tomo hoy tu Palabra y la empuño en contra del enemigo de mi alma. Te pido que ilumines mi mente por tu Espíritu para que pueda entenderla. Te pido que refresques mi mente con la Palabra para tenerla a mano y usarla en la batalla. Te pido que me des valentía para empuñarla en todas las acciones de mi vida. Tu Palabra no regresará vacía o anulada.

Señor, confío en fe que al tomar cada una de estas piezas de armadura, tú activarás su efectividad en este día. Dame el discernimiento de emplear activamente cada pieza. Finalmente, te pido que hagas oraciones por tu Espíritu en mi a lo largo de este día. En el nombre de Jesús, Amén.

ando declaró "las puertas del Hades no prevalecerán" para resistir a los seguidores reino-investidos de Cristo (Mateo 16:18-19). Las puertas pueden detener, pero no avanzan contra el enemigo. Esta ilustración sugiere que debemos avanzar con autoridad para hacer retroceder al reino de las tinieblas.

Sentados con Cristo a la diestra de Dios—posicionados con cada gobierno y autoridad, poder y dominio, directamente bajo nuestros pies (Efesios 1:20-22, 2:6)—necesitamos poner nuestra carne, este mundo, y el reino de las tinieblas bajo el reino de Dios. Como C.S. Lewis señala en la Introducción de Las Cartas del Diablo a su Sobrino, "Cada momento y espacio son reclamados por Dios y contra-reclamados por Satanás." Yo agregaría, también "cada persona y territorio". Somos instrumentos de Dios para recuperar lo que le pertenece a Él. ¿Cómo es esto posible si los poderes son activos y están alineados en nuestra contra? **¡La autoridad triunfa sobre el poder!**

Lo que quiero que veas en este momento es la necesidad de un cambio de mentalidad. La mayoría de nosotros hemos sido condicionados a una visión mundana de comodidad. Nos han hecho creer que la jornada de fe es como un crucero lujoso en la búsqueda espiritual de la felicidad. El lenguaje de guerra es considerado arcaico y políticamente incorrecto, y nos hace sentir incómodos como seguidores del Príncipe de Paz. En realidad, estamos en un buque de guerra en aguas peligrosas disparándonos torpedos con el enemigo. Necesitamos estar en guardia por nuestra propia vida y la vida de los que amamos.

Aquí me refiero a nuestras vidas espirituales, que fácilmente son marginadas en un mundo enterrado cada vez más y más en una interpretación naturalista y secular de la realidad que sobreenfatiza el orden material y los estilos de vida de acumulación. Nuestras vidas espirituales son disminuidas a través de bases filosóficas que nos ciegan a la actividad espiritual, incluyendo la guerra que se libra a nuestro alrededor. El resultado ha sido una pereza espiritual que deja nuestro ser interior muy subdesarrollado. Esta realidad es a menudo indetectable hasta que enfrentamos una crisis temporal e incluso la muerte, y súbitamente nos arrepentimos de no haber prestado atención al desarrollo de nuestro lado espiritual. Ahora es el tiempo para tomar una postura activa con nuestra insignia de autoridad.

¿Ahora qué?

Como seguidores de Cristo, tenemos todo lo necesario a nuestra disposición. Sin embargo, debemos apropiar activamente nuestra autoridad, tanto en actitud como en acción. En actitud significa llevar toda nuestra vida al conocimiento empírico de esta autoridad. Dos conceptos biblicos son extramadamente importantes en este proceso: la identidad en Cristo y el reino de Dios.

En el Apéndice 1, he enumerado una serie de referencias biblicas que describen quien es Cristo. Debemos estudiar, meditar y memorizar estos versículos hasta que su profundidad corra por la sangre de nuestras personas espirituales. En otras palabras, hasta que los creamos en nuestro corazón tanto como en nuestra cabeza, y se conviertan en declaraciones primordiales de nuestra identidad.

Igualmente, necesitamos profundizar nuestro entendimiento del reino de Dios. El evangelio del reino—¡el reino de Dios está aquí!—fue el método y mensaje de Jesús. Nuestra autoridad espiritual está apoyada por el reino de Dios. Necesitamos atar este concepto a nuestra visión mundial y perspectiva diaria, sabiendo que cuando alzamos nuestras manos con autoridad toda la fuerza del reino está respaldándonos. En el Apéndice 2, he enumerado una serie de recursos para ayudarte a crecer en tu comprensión del reino de Dios. Todo se trata de "renovar nuestra mente" (Romanos 12:2). Una de las tácticas del enemigo de nuestra alma es la falsa acusación; a él se le da el nombre de acusador de nuestros hermanos y hermanas (Apocalipsis 12:10). Una de sus mentiras fomenta una actitud de conformidad o rendición; Satanás va a susurrar, "Esto no podría ser mejor." Dios contradice, "Esto mejorará al convertirte en más que vencedor por medio de esta prueba." Otra de las mentiras de Satanás es advertir a la gente, "Ten cuidado con eso de autoridad. Estas siendo presuntuoso, y probablemente vas a abusar de esta autoridad." Dios responde, "¿Te daría Yo la autoridad y después te llamaría presuntuoso por afianzarte de ella?

Cuando permito que la Palabra de Dios tenga una mayor influencia en mi mente y corazón, entonces Su verdad moldea mi respuesta a las pruebas del camino. Yo no acepto pasivamente; yo anuncio activamente. De nuevo, esto no es triunfalismo. Voy a sufrir. Voy a tener desafíos.

Pero sabiendo que estoy activamente posicionado en Cristo, puedo confiar en que esos desafíos son simplemente piedras en la corriente del amor soberano de Dios y son parte de su diseño para hacerme un vencedor. Es volver al diseño original—para gobernar, reinar y tener dominio. ¡Todo para la gloria del rey!

Este cambio de actitud puede llamarse "ser." A veces se requiere "hacer algo" para crear el habito de "ser." Es un estilo de vida espiritual. Hay algunas acciones que podemos tomar para empezar a encarnar este estilo de vida. La primera consiste en apropiar activamente nuestra autoridad. Yo lo comparo a ser investido como caballero. Tim Keller tiene una excelente línea en su libro, La Cruz del Rey: "Venimos delante del rey, doblamos nuestra rodilla, bajamos nuestra espada, y decimos 'Ordéname.'" Yo pienso que es sabio doblar la rodilla ante el Rey Jesús y declarar con las manos abiertas, "Aquí estoy; estoy posicionado en ti. Acepto el manto de tu autoridad delegada. Ahora por tu Espíritu mantenme vigilante y listo para tomar una postura activa." Claramente, el objetivo es convertirme en un vencedor que empuña la autoridad pero regularmente comienza con una decisión declarada.

He encontrado que aunque una fresca impartición del Espíritu Santo puede llegar a través de la imposición de manos y la oración (lo cual es consistente con las Escrituras), la autoridad del creyente es algo que necesitamos tomar nosotros mismos. La autoridad debe ser aceptada.

¿Qué significa apropiarse? Es tomar para si, adueñarse, y participar activamente. Entonces, deberías poner este libro a un lado en este momento y apoderarte de tu llamado y Su provisión. ¿Cómo? Simplemente dobla la rodilla de tu corazón ante el rey de reyes y ora algo así:

> Yo te reconozco como rey, mi rey. No tengo resueltos todos los porqués ni los cómos de esta autoridad. Pero confió en Ti y en tu Palabra. Voluntariamente acepto el manto que me has devuelto en Jesús, para unirme a ti en señorío y reino, mientras me convierto en un vencedor. Por tu Espíritu, dame los ojos para ver cuando tengo que anunciar tu reino tomando la autoridad espiritual activamente. Por tu Espíritu, ayúdame a usar mi autoridad siempre dentro de los principios de tu diseño. Y desde este día en adelante, que todas mis oraciones y mis obras sean fundadas en el conocimiento de mi posición autoritaria en Cristo.

Una vez hayas orado, continúa con una nueva mentalidad y actitud de tu delegación en Jesucristo y vive de acuerdo con ello.

Otras acciones pueden ayudar a declarar nuestra disposición para la batalla con este sentido de autoridad. He mencionado ya la Lórica de San Patricio (Ver Apéndice 3 para la oración completa). Yo empecé a orar la Lórica cada mañana por casi cuatro meses. Luego mi esposa y yo la reescribimos para que se escuchara un poco más contemporánea y le agregamos todos los aspectos del Cristo-evento y algunas formas en las que hemos visto al reino de las tinieblas oponerse a los seguidores de Cristo. La memorizamos, y la citamos cada mañana para empezar nuestro día y luego en diferentes momentos durante el día cuando sentimos que necesitamos una fresca postura. Notarás la línea que agregamos ya casi al final de la Lórica que claramente se refiere a nuestra autoridad en Cristo y nuestro llamado como guardianes de la puerta.

Al avanzar a este día, apropio todo esto para mí y para todos aquellos que están bajo mi autoridad e influencia.

Al comienzo de mi jornada espiritual, encontré otro ejercicio muy útil para reforzar una mentalidad vigilante y hacerme recordar que no estaba solo. Recitar Efesios 6 (ver el cuadro textual adelante), me paraba frente al espejo y me ceñía con la armadura espiritual, apropiandome activamente de los beneficios espirituales investidos en cada pieza. Esta acción de ponerme la armadura tomó un nuevo poder al volverme más consiente de la autoridad detrás de la armadura. Para algunos, esto puede parecer exagerado. Pero quiero recordarnos que hemos perdido el sentido de urgencia de las batallas que arden a nuestro alrededor. Recuerda, nos hemos arrodillado ante el rey y vamos adelante con sus órdenes de batalla. Este tipo de ejercicio (la materialización de lo que creemos) puede solidificar una mentalidad o actitud recién aprendida. Hoy instintivamente tomaré las piezas de la armadura según las necesito en la batalla.

También encuentro muy útil el pintar o hacer gráficas las estructuras de autoridad en mi vida. Crea un diagrama de tus estructuras autoritarias situacionales. ¿A quién te sometes? Observa la jerarquía de autoridad en tu vida. Regresa unas cuantas generaciones en tu familia y en las organizaciones en la cuales has sido miembro. Podrás darte cuenta que algunas de esas estructuras autoritarias no han estado fundamentadas en una autoridad Cristo-céntrica. ¿Sobre quién has sido llamado a servir como guardián espiritual? Y luego ora a través de tu estructura de autoridad. Bendice a los que tienen autoridad sobre ti. Bendice y protege a los que están bajo tu autoridad e influencia. Regularmente oro por bendiciones del reino por hasta la tercera generación.

Finalmente, cuando sientas oposición activa, ¡experimenta! Cuando tu carne se levanta, no sólo resistas y esperes a que pase. Háblale a tu carne con autoridad desde tu posición de poder. No eres una víctima. No estás cautivo. Eres más que vencedor. Cuando el sistema del mundo te presiona, comanda resistencia. Cuando el mundo trate de presionarte a su forma de pensar, párate con tus pies bien plantados, sabiendo que no estás solo. El reino detrás de ti triunfa sobre todos los reinos de este mundo. Cuando te desafíen obstáculos destructivos extraordinarios, no asumas inmediatamente que es asignación de Dios. Declará activamente que estás sentado con Cristo, resiste al demonio y abre activamente las puertas de la bendición de Dios sobre la situación. Declara sanidad con autoridad. Declara intervención con autoridad. Declara vida abundante con autoridad. Declara protección con autoridad. Declara Shalompaz sobre tu vida, tu hogar, tu comunidad—a donde Dios dirija tu atención—con autoridad.

Sigo usando el concepto de declarar. Debes estarte preguntando, "¿Realmente quiere verbalizar un mandato oponiéndo a la carne, el mundo, o el reino de la tinieblas?" Sí. Si hay una posibilidad de que haya alguna asignación del reino de las tinieblas, en la declaración es donde la autoridad es reconocida. ¿Aún con la carne? Yo creo que el reino de las tinieblas conoce nuestras debilidades y puede poner presión sobre ellas. Así que no gasto mi tiempo en tratar de decidir cuál de las tres áreas podrían estar activas en mi contra, ¡yo sólo mando en mi autoridad! La verdad es que la carne, el mundo, y el reino de las tinieblas no siempre están separados. Cuando necesito saber la diferencia, el Espíritu Santo me proveerá de discernimiento. Sabiendo que básicamente estoy confiando en la mano soberana y la dirección de Dios, ¿qué es lo peor que puede pasar al dar un mandato? Por lo menos, simplemente reafirmo mi posición en Cristo y en la autoridad de su reino.

Al concluir esta sección, quiero ofrecer una disculpa y una invitación. Primero, la disculpa. Creo que nosotros, los líderes de la iglesia y comunicadores de la Palabra de Dios, le hemos fallado al cuerpo de Cristo al no enfatizar esta verdad de la Palabra de Dios. Hemos dejado a los seguidores de Cristo desarmados y afligidos sin necesidad. Pido perdón. Ahora llamando de nuevo a vencer por la victoria de la sangre de Jesús, ofrezco esta invitación: **Toma tu posición y muévete en autoridad**. Estoy haciendo una página web para recaudar sus historias de toma de autoridad y los cambios en las circunstancias que puedan haber ocurrido por ello. Después que hayas experimentado el empuñar tu autoridad dada por Cristo, te invito a contarnos tu historia en www. authorityencounter.com para alentar a otros. ¿Qué pasaría si una cantidad crítica de seguidores tomaran su autoridad espiritual en estos días? ¿Conduciría potencialmente a un fuerte avance del reino de la luz en este mundo?

> Y ellos le han vencido por medio de la sangre del Cordero y de la palabra del testimonio de ellos…
>
> (Apocalipsis 12:11)

CAPÍTULO OCHO

Relatos con Autoridad Espiritual

E scribí este libro para facultar a los seguidores de Cristo con una herramienta esencial para vencer contra la oposición. He observado su impacto en la vida de los miembros de la iglesia que pastoreo. Para esta edición, invité a varias personas que han sido impactadas por este libro a que escribieran un pequeño resumen de cómo su vida y sus situaciones cambiaron al pararse con autoridad contra la oposición. También he incluido algunos testimonios de pastores y misioneros de otras áreas.

Me he sentido encantado de ver como hombres toman su rol como guardián de la puerta. Creo que una de las mayores trampas para el crecimiento espiritual en Los Estados Unidos es el espíritu pasivo, lo que algunos llaman el espíritu de Acab, en relación con el desarrollo espiritual, personal y de liderazgo. Siento que las mujeres han sobrepasado a los hombres en esta área. Sin embargo, observarás una mezcla interesante de hombres y mujeres en estos testimonios.

Podría contar docenas de historias similares. He escogido esta selección en representación de los cristianos que han aprendido a caminar en su autoridad posicional en Cristo. Mi deseo es darle la gloria a Jesús, dirigir nuestra atención a esta verdad de la Palabra de Dios que es efectiva cuando se aplica en la vida diaria, e inspirarte a ser activo en tu fe frente a la oposición innecesaria.

El contar las victorias de Dios se le conoce usualmente como dar testimonio. El testimonio tiene que decirse. El testimonio dado lleva a que se cuenten más testimonios. Lo que Dios cuenta con nuestras vidas vale la pena recontarlo una y otra vez. Cualquier narración pequeña de alguna gran historia inspira a otro recuento. En las palabras de Dios al profeta Habacuc:

> Mirad entre las naciones, observad, asombraos y admiraos; porque contaré una historia en vuestros días que no creeríais si se os contara.
>
> (Habacuc 1:5, parafraseado por el autor)

Y la respuesta del profeta:

> Oh Señor, he oído tu testimonio, y tu fama.
> En nuestros tiempos cuéntalo otra vez;
>
> (Habacuc 3:2, parafraseado por el autor)

Una Mujer Toma Autoridad Frente al Sufrimiento Personal

Mi vida estaba literalmente cayéndose en pedazos ante

mis ojos. No quiero dar una lista detallada de lo que estaba pasando, de alguna forma no le haría justicia a mi miseria. Basta con decir que estaba sufriendo. Meses antes, mi pastor había predicado sobre vencer las dificultades en la vida, señalando algunos puntos de su reciente libro de autoridad espiritual. Algunas palabras de ese sermón y por lo tanto del libro, se grabaron en mi memoria. Durante ese tiempo de sufrimiento, no pude leer mucho, pero mantuve ese libro conmigo casi todo el tiempo. Aunque no lo había leído de pasta a pasta, el sólo leer algunas líneas aquí y allá me confortó y me adiestró.

En alguna parte de esa niebla de mi vida, en alguno de los puntos más bajos, contacté al Pastor Chuck. Me encanta la tecnología—no podía enfrentar una llamada o visita personal aún—así que le envié un mensaje de texto haciendo una pregunta que había estado repitiéndose en mi mente: "La Autoridad triunfa sobre el poder, ¿cierto?" No le di ninguna otra información en el mensaje que pudiera identificar quién lo enviaba. Mi celular sonó, la respuesta llegó, el salvavidas fue lanzado, "Sí, todo el tiempo," escribió. Reí y lloré en alta voz, fue la respuesta perfecta; y un concepto que—una vez que logré captarlo—me ayudó a mantenerme firme mientras Dios rejuntaba los pedazos de mi vida destrozada.

Un Padre Toma Autoridad
como el Guardián de la Puerta de Su Familia

Como familia, sentí que nuestro mundo se estaba cayendo a pedazos por más de cinco años. Escuché a algunos hombres de la iglesia hablar del libro de Chuck, *El Cristiano Atrevido*. Los conceptos me parecían muy simples así que empecé a leer el libro. Terminé leyéndolo tres veces, y aún continúo haciéndolo para reforzar mi rol como guardián de la puerta.

Empecé a recitar la Lórica de San Patricio sobre mi familia cada mañana. Mantengo una copia en mi carro para que sea lo último que recuerde antes de dejar a mi familia e irme todo el día. Empecé a notar un cambio en nuestras circunstancias. Dios empezó a restaurar lo que habíamos perdido en los últimos años de lucha. He notado una paz en mis hijos que ha estado ausente durante los años de lucha.

A veces siento la presión de ser un guerrero para mi familia. Me gusta el hecho de que el estar alerta a la posibilidad del peligro espiritual sigue siendo mi responsabilidad de manera que afecte sus vidas con menos fuerza. Jesús me ha dado todo lo que necesito para liderar bien a mi familia.

Una Pastora Rescata Su Matrimonio
del Shamanismo

Gracias por reunirse conmigo, por sus oraciones poderosas, por compartir sus pensamientos acerca del maligno y de las fuerzas que trabajan en este mundo...quería escribirles hoy para compartirles un progreso MUY positivo y muy pedido en oración. Mi esposo decidió dejar de ver al terapeuta/chamán. La codicia de esa persona se volvió mucho más visible y alarmante para él, sin mencionar el veneno y la naturaleza destructiva de sus "consejos."' Mi esposo me compartió que el chamán le envío un correo electrónico tóxico y lleno de odio que predecía cosas malas para él ¡por haber dejado la relación "terapéutica!" Bien poco profesional y bien poco sabio.

Para mí, suena como un llanto demoníaco por la pérdida de poder e influencia. GRACIAS por compartir sus pensamientos en cuanto al shamanismo, por orar para destruir el "trabajo" de esta persona y por adiestrarme para hacer lo mismo; todo el tiempo oro por él como hijo de Dios y para que Dios lo libre de la dirección que ha tomado alejado de la fe cristiana. No tengo idea de lo qué guarda el futuro para mi matrimonio. Sí sé que ese consejero definitivamente estaba llevando a mi esposo por un camino perturbador y detestable.

El cese de este convenio de "consejería" explotadora y perversa es una victoria, y estoy muy agradecida con ustedes dos por compartir generosamente sus pensamientos, su tiempo y sus oraciones. La "guerra" continúa, pero se ha ganado esta batalla clave: "Por tanto, tomad toda la armadura de Dios, para que podáis resistir en el día malo, y habiendo acabado todo, estar firmes." Agradezco a Dios por ustedes y su ministerio.

Un Seguidor de Cristo Toma Autoridad sobre un Patrón de Pensamientos Negativos

Su libro y enseñanza de guerra espiritual ha cambiado mi vida para siempre. La guerra espiritual es real y tener las herramientas para enfrentar la batalla es incalculable. Ahora, cuando algún pensamiento negativo viene a mi cabeza, reclamo mi autoridad en Cristo para disiparlo y se va. Satanás es poderoso, pero la autoridad siempre triunfa sobre el poder y ¡yo tengo la victoria! Cada Cristiano debe ser educado en la guerra espiritual. Es real y es esencial que todos sepamos como combatir la oscuridad para que podamos tener la victoria!

Una Pareja Rompe con Autoridad un Largo Pleito con Sus Vecinos

Mi esposa y yo leímos *El Cristiano Atrevido* y como resultado empezamos a invocar la autoridad de Dios, siendo atrevidos, y eligiendo reflejar Su gloria. No es una coincidencia que estas actitudes y acciones nos llevaron a aliviar una pesadilla muy larga, y también a sanar potencialmente una relación adversaria de largo plazo. En el 2007, nuestros vecinos aledaños levantaron una demanda en nuestra contra, la cual nosotros, nuestros abogados, la aseguradora y los jueces sabíamos que era una acción vejatoria (inapropiada e infundada). Nuestros vecinos del lado, marido y mujer, mintieron en documentos y en corte, en un esfuerzo por ganar derechos sobre nuestra propiedad mientras también evitaban sus obligaciones financieras. La ley estatal, el sentido común, la decencia básica y el civismo eran nuestra fundación legal y ética.

No estábamos dispuestos a rendirnos a un diluvio de difamaciones, falsas declaraciones juradas, y a los resultados financieros y derechos de propiedad puestos en riesgo. Desde el 2007 nuestra vida familiar fue acribillada con recordatorios decepcionantes, citaciones legales, estrategias y tácticas, y la creación de documentos legales. Durante el primer año, otra persona de la misma calle nos atacó—cuando la policía lo detuvo les dijo que actuó a favor de nuestros vecinos que eran sus amigos. Nuestras oraciones generalmente, eran para pedirle a Dios que quitara a nuestros vecinos de nuestra vida, en el contexto de que "la justicia de Dios necesita abordar sus malos comportamientos y persecución." Pedíamos pero no invocábamos. La esposa del vecino encabezó esfuerzos maliciosos extendiendo las mentiras en las declaraciones juradas a testimonios en corte; su misión parecía enfocarse en aterrorizar y hacer duradero el daño a la integridad de mi esposa.

En noviembre del 2013, encontramos y leímos *El Cristiano Atrevido*. Fue un salvavidas y nos ofreció herramientas y otra perspectiva. A mediados de diciembre, teniendo una cita en la corte para febrero del 2014, participamos en una negociación judicial, pero después de 10 días de más mala fe de parte de nuestros vecinos, el viernes 21 de diciembre, ellos y su abogado rechazaron nuestras definitivas y muy justas formulaciones y amenazaron con llevarnos a corte. Le sugerimos a nuestro abogado que debíamos aceptar ir a corte, porque la ley y el "derecho" eran nuestros. Estábamos muy descorazonados.

En la víspera de Navidad, oré usando lo que había aprendido de *El Cristiano Atrevido*, sagazmente invoqué Su autoridad pidiéndole a Dios inundar la casa de nuestros vecinos con rayos de luz que sanaran su matrimonio, extendieran calma a sus hijos, e invocando Su autoridad para echar fuera de su casa el sustento del diablo. Cuatro días después, la policía llegó a su casa—fuimos avisados que se trataba de un llamado de violencia doméstica; claramente algo había tomado lugar dentro de su casa. El quinto día, el esposo quien normalmente era muy hostil, con una vos suave pero audible me rogó atención desde su patio. No me involucré. Exactamente una semana después de haber orado, nuestro abogado llamó para decir que los vecinos habían abandonado el caso de repente. A principios del 2014, después de siete años de que esto empezara, el pleito había acabado. Desde entonces, su casa ha estado en calma y su uso de nuestra área común del terreno ha disminuido a casi cero.

Nuestra aseguradora, quien pagó parte de los gastos legales, no podía creer que esta demanda había terminado. Nuestro contacto durante todos estos años dijo que su oficina corporativa estaba desconcertada por lo que pasó. Reflexionando, nosotros no lo estamos.

Sin duda, Dios nos alcanzó y cambió nuestra vida por medio de tu testimonio y escritura. Hasta que la pesadilla había terminado, no había compartido con mi esposa lo de mi redirigida oración, y ella no había compartido conmigo que semanas antes había empezado a orar la "Lórica de San Patricio" de tu libro. Gracias por imprimir en *El Cristiano Atrevido* aquello que los creyentes deberían llegar a digerir y desarrollar.

Un Misionero Ministra desde una Nueva Posición de Autoridad

¡Felicidades por tu nuevo libro *"El Cristiano Atrevido!"* Después de ordenar una copia, mi primera impresión fue que era muy pequeño, pero resultó muy poderoso, y trajo sanidad espiritual. Siempre he sentido que hay un brecha entre sanidad interna y consejería ministerial. Este libro me ha permitido mejorar mis capacidades ministeriales en ambas áreas. Me emocioné pues empecé a entender mejor mi ministerio. Me llevó, incluso, a soñar en grande con ser usado por Dios para ayudar a mucha gente que está esclavizada.

Tres conceptos del libro han liberado mi pensamiento y cambiado mi práctica de una manera especial:

Primero, El Capítulo Dos, "Autoridad Perdida" abrió mis ojos y mi mente a un recurso que había descuidado en mi ministerio.

Segundo, muchas veces señalas que Satanás robó la autoridad de los humanos. "La autoridad de Satanás no se la dio Dios sino los humanos" (Pág. 22). "Satanás se robó nuestra autoridad (de los humanos), no la autoridad de Dios" (Pág. 22). Estas declaraciones me despertaron, así que estoy vigilante para no darle al enemigo lo que Dios quiere que yo ejerza.

Tercero, que Jesús no se ofende cuando tomo autoridad; al contrario se decepciona cuando no la tomo. Operar en autoridad para mí no es algo en lo que necesite cohibirme.

Muchas gracias por el libro, ha tocado mi alma profundamente y cada palabra del libro me trajo sanidad.

Tomando Autoridad para Desatar la Venta de Una Casa

Mi esposo y yo hemos querido vender nuestra casa por más de tres años. Nuestra estructura familiar ha cambiado y ya no necesitamos un lugar tan amplio. Los bienes raíces en nuestra área han sido impactados significativamente por la recesión económica del 2008. Llegamos a la conclusión de poner la casa por debajo de la taza de mercado para acelerar la venta. Después de tres años no habíamos recibido ninguna oferta por la casa. Hubo un periodo en el que ni siquiera venía gente para verla.

Invitamos a Chuck a que viniera a nuestra casa y nos ayudara a limpiarla y a soltarla para la venta. Tomamos autoridad sobre un área de la casa, donde habíamos sentido tinieblas por años pero siempre nos habíamos excusado con nuestra imaginación. Mientras ungíamos el interior de la entrada principal, el timbre sonó. Abrimos la puerta y era nuestro agente de bienes raíces. Por error había venido a nuestra casa cuando iba a mostrar otra casa en el vecindario. Chuck mencionó que esto era una señal, que íbamos por buen camino y que podíamos esperar algo.

La siguiente semana, dos personas vinieron a ver la casa. Nadie había prestado interés por más de un año.

Un Hombre de Negocios y Padre
Toma la Autoridad Local e Internacionalmente

La enseñanza del Dr. Davis ha abierto mis ojos a lo que significa caminar en mi autoridad fundamentado en una relación personal y activa con Cristo. Gracias al libro, estoy hoy más consciente espiritualmente y él ha influenciado grandemente mi forma de orar por mí, por mi familia y por los demás.

Tuve presente la influencia del libro en mi vida durante

un viaje misionero a un barrio muy pobre de Centro América que estaba muy descuidado y excluido, y que era controlado por las maras. Estaba visitando una organización sin fines de lucro que, contra todos los pronósticos, había abierto una escuela en el barrio; educaban y ministraban a los niños para romper el círculo vicioso de extrema pobreza y violencia. Una mañana, decidimos ir a visitar la casa de una familia y orar por ellos pues su hijo de 16 años había sido asesinado por un miembro de una pandilla rival hacía menos de 12 horas en la misma casa a la cual nos dirigíamos. Mientras nos acercábamos, pude sentir tangiblemente las tinieblas que rodeaban el área. Decir que estaba preocupado por mi seguridad es una tremenda subestimación.

En ese momento, tomé una posición pro-activa y oré con autoridad mientras caminaba. Inmediatamente, empecé a sentir mucha paz y supe que caminaba bajo una sombrilla protectora. No me recuerdo muy bien pero debo haber orado unas 15 ó 20 veces la misma oración ese día en mi camino al barrio. La visita terminó siendo una de esas experiencias de vida tremendas. Fue muy triste y emotivo, pero había mucha belleza y esperanza en lo que Dios estaba haciendo por medio de las manos, los pies, las oraciones, los abrazos, y el amor de los amigos y desconocidos, trayendo la luz que las tinieblas no pueden opacar. Esto me recordó, que cada creyente tiene lo que se necesita para vencer la batalla y traer sanidad a un mundo abatido y así desempeñarnos como mayordomos dentro del diseño de Dios.

Una Iglesia Limpia su Lugar de Reunión

En abril del 2014 empezamos a rentar un ala vacía dentro del edificio de una iglesia grande. La congregación a la que pertenecía el edificio aún se reunía ahí, pero había decrecido de 700 a 30 miembros en los últimos años y para mantener sus puertas abiertas rentaban el gran edificio. Además de rentarnos a nosotros parte del edificio para congregarnos, también le rentaban el mismo espacio a una sociedad secreta para sus reuniones. De hecho, la sociedad secreta se había estado reuniendo en ese edificio por casi 40 años.

Al principio no sabíamos que compartíamos el espacio. Sin embargo, durante los primeros cuatro o cinco meses de estar teniendo nuestros servicios en el edificio, percibimos continuamente una pesadez espiritual. La alabanza era aburrida. La predicación no tenía mayor impacto. Se sentía como si estábamos plantando una iglesia en lodo. Esto nos desconcertó, ya que habíamos experimentado servicios intensos en el edificio anterior.

Discutimos esta pesadez en una reunión de toda la iglesia y empezamos seriamente a orar para que Dios nos mostrara cómo cambiar el ambiente en el edificio. Como unos 10 de nosotros ayunamos y pedimos a Dios por una ruptura. Después de casi 30 días, tuve la idea (o revelación) de que declaráramos los Nombres de Dios en nuestro próximo servicio. Esa semana compilé una lista de los Nombres de Dios y preventivamente la envié por correo electrónico a algunos miembros de la iglesia con instrucciones para que se familiarizaran con la lista y que fueran a la iglesia preparados para declarar algunos de los Nombres de Dios.

En ese servicio nos apartamos una cantidad de veces para declarar muchos de los Nombres de Dios. El cambio fue inmediato—literalmente. Cuando terminamos de declararlos, adoramos en un mismo sentir. Durante la adoración, uno de los servidores del ministerio de niños me llamó a un lado y me mostró un objeto que uno de los niños había encontrado. El objeto parecía un falo y fue descubierto al mismo tiempo que estábamos declarando los nombres de Dios. En seis días, este descubrimiento nos llevó a destapar un escondite de objetos ocultos, incluyendo huesos humanos, que habían sido almacenados en el mismo espacio donde nos congregábamos cada semana.

Inmediatamente, muchos intercesores rompieron el poder del objeto, apropiaron la sangre de Cristo, y con nuestra autoridad cancelamos toda maldición que se nos viniera a la mente. También le reportamos estos objetos al pastor de la iglesia que era dueña del edificio para que tomaran las acciones pertinentes.

Desde que tomamos esa postura y nos movimos con autoridad, el ambiente cambio. Descubrimos los objetos un sábado por la noche y rompimos su poder ahí mismo. El siguiente día (sólo 16 horas después), experimentamos una gran libertad durante nuestra reunión así como más asistencia de lo normal y una mayor cantidad de visitantes de lo que habíamos tenido hasta ese momento. El cambio inmediato del ambiente fue una confirmación para el equipo de intercesores que oraron conmigo.

Una Mujer Aprende de la Autoridad para la Limpieza de Su Hogar

Nuestra familia de cinco integrantes se mudó en 1989 a nuestra casa construida en 1908. Aún después de restaurarla casi totalmente, siempre había sentido que no estaba sola, y en algunas áreas de la casa sentía una intensa incomodidad, particularmente en el tercer piso. Nuestro perro se detenía al final de las escaleras y titubeaba en continuar. Mis hijos estaban pequeños y, por supuesto, nunca les dije nada al respecto, y mi esposo me había dicho que estaba loca.

Muy pronto mis hijos comenzaron a decir que habían fantasmas en el tercer piso; aunque lo habíamos convertido en un cuarto de recreación para que ellos lo usaran, ellos preferían jugar en otro lugar. Las áreas en las que me sentía menos bienvenida eran algunos pasillos, ciertos armarios, las escaleras traseras, el sótano y el garaje. Mi hijo menor dijo que una pequeña luz roja se movía por todo su cuarto en la noche—lo cual aislé por su edad, pero sí empecé a sentir un olor a ácido en la entrada de su cuarto.

También teníamos una niñera que venía en el verano

y dormía en ese cuarto y contó que muchas veces había escuchado interferencia en el intercomunicador a media noche.

Contraté una mujer chamán (sin saber lo que eso era) para limpiar la casa. Ella dijo que había habido mucha enfermedad y miseria ahí con los habitantes anteriores. Incluso encendió dos candelas al mismo tiempo y una candela se quemó inmediatamente y la otra se quemó a velocidad normal. Ella no pudo hacer la limpieza. Ahora reconozco que había buscado ayuda en el reino equivocado.

En cierto punto, después de volver de un viaje, iba bajando las escaleras de atrás y con lo que sentí como un violento empujón, fui arrojada desde el quinto escalón, quebrando mi sacro (la parte posterior de la pelvis). Yo asumí que el tacón de goma en mis pantuflas se había atorado en mi bata. Pero la violencia del empujón se quedó en mi mente.

Quería que Dios limpiara mi casa. Había escuchado a Chuck mencionar en un sermón a una familia que había tenido experiencias similares y que él había ido a su casa a limpiarla de los espíritus que la habitaban. Chuck aceptó mi invitación para pararse con autoridad contra los poderes que se habían instalado en mi casa. Ingrid y él oraron conmigo y por mí, y me dieron las palabras para comandar a los espíritus a que dejaran mi casa en el nombre de Jesús. Chuck ungió la entrada de cada cuarto y cada ventada con una cruz. Ingrid y él bendijeron todos los espacios de mi casa incluyendo el garaje. Luego Chuck les comandó desde todos los lados de la casa que dejaran la propiedad. Cuando Chuck e Ingrid se fueron, me sentí serena y contenta en mi casa.

Cuando mis hijos adultos vinieron a visitar, comentaron de la soltura que se sentía y la falta de pesadez espiritual.

Nota Final

Te aliento a que te agarres de los principios de la autoridad espiritual en Cristo y te pares firme contra el quebrantamiento de tu mundo. Cuando veas los cambios cuenta tu historia. Tu testimonio inspirará a otra persona a hacer los mismo. Y el Testimonio de Dios será más famoso en nuestros días.

Epílogo

Cada persona que se ha tomado la tarea de comunicar la Palabra de Dios lo hace con tres realidades claras. Primero, "y nada hay nuevo debajo del sol" (Eclesiastés 1:9), en las palabras del predicador. Redescubrimos, reempacamos, e incluso reexplicamos con, ojalá, una nueva perspectiva o diseño. Muchos seguidores de Cristo han caminado antes en autoridad espiritual, y por lo tanto mis revelaciones no son nuevas pero son presentadas de una manera fresca y concisa. Segundo, no hay visión espiritual sin el Espíritu Santo, ni en redecir ni en escuchar. Si hay fruto en mi enseñanza, y aquí en mi escritura, es resultado de la iluminación al proceso traída por el Espíritu Santo. He estado en un camino de descubrimiento, para juntar un entendimiento profundo de la Palabra de Dios y una visión llena del Espíritu, en una teología práctica. No tenía la intención de empezar esta travesía; siento que he sido guiado por el Espíritu Santo. Tercero, estamos parados en los hombros de otros que han venido antes de nosotros. Mi conocimiento del impacto de la autoridad espiritual en la vida diaria se deriva de una combinación de revelaciones y experiencias de una cantidad de personas.

Fui introducido a la noción de autoridad espiritual por

John MacMillan, que fue misionero en China y en las Islas del Pacífico con la Alianza Cristiana y Misionera en los años 20 y 30. Después de la muerte de su esposa, regresó a Norteamérica y terminó como profesor en lo que hoy es el Colegio Nyack y el Seminario Teológico Alianza en Nueva York. Por medio de la práctica como hombre de negocios, misionero, ministerio pastoral y profesor, aprendió a marchar en su autoridad espiritual. Más tarde publicó una serie de artículos de periódico en un libro titulado *La Autoridad del Creyente: Una Compilación de "La Autoridad del Creyente" y "La Autoridad del Intercesor."* Puedo decir por mi investigación, que él fue el primero en sistematizar una teología práctica de la autoridad del creyente en una discusión comprensiva y para un libro.

Leí una edición más antigua del libro de MacMillan de la librería de mi abuelo a finales de 1970. Me capturó la analogía del oficial de policía, con la que empecé este libro. Luego descubrí que MacMillan tomó prestada esta analogía de A.B. Simpson, el fundador de la Alianza Cristiana y Misionera y el Instituto de Entrenamiento Misionero Nyack. Me imagino que Simpson probablemente lo espigó de alguien anterior a su ministerio. Esto ejemplifica el principio "nada nuevo debajo del sol"—no estaban creando nueva teología sino re-expresando una gran corriente de la práctica de los seguidores de Cristo durante eras. Simpson escribió en el *Semanal Alianza* el 14 de junio de 1919, "... la insignia del policía lo hace más poderoso que toda una multitud de rufianes porque parado sobre sus derechos, el poder del Estado lo respalda." Simpson continuó desafiando a los seguidores de Cristo a usar la autoridad del nombre de Jesús para encontrar la victoria en la vida espiritual. MacMillan tomó esta ilustración del oficial de policía y la hizo una enseñanza de vida. Él fue mi introducción a este concepto de la autoridad del creyente cuando era un joven estudiante de teología, y eventualmente como joven pastor y misionero. A lo largo de los años he perseguido esta teología a través de las Escrituras y las experiencias de vida. He encontrado que es bíblicamente acertado y experimentalmente valioso. Estoy agradecido de estar en la corriente de esta gran tradición bíblica y del Espíritu Santo.

También fui influenciado, o por lo menos instruido a distancia, por una corriente de practicantes de la academia. En el otoño de 1982, El Seminario Teológico Fuller ofreció una clase, MC 510: "Señales, Maravilla, e Iglecrecimiento." John Wimber enseñaba esta clase bajo la supervisión de C. Peter Wagner. Wagner y otros de Fuller se convirtieron en mis mentores a distancia cuando empezaron a escribir sus experiencias. Por este tiempo empecé a experimentar, el poder del evangelismo y nuevos aspectos de la disciplina espiritual tales como las caminatas de oración como pastor en New Jersey, y luego como misionero en Francia y en Malí, África Occidental. Sin una agenda o conocimiento de lo que otros estaban haciendo, había tenido experiencias completamente nuevas que tenían sentido a la luz de mis muchos años de leer la Biblia pero que no podía categorizar basado en el conocimiento ganado en el discipulado de la iglesia norteamericana, ni en entrenamientos bíblicos en algún colegio cristiano de artes liberales, o en un seminario evangélico. Pero si leía un articulo de Wagner o un libro de Wimber, mis experiencias de repente tenían apoyo bíblico y teológico. Al mismo tiempo, El Seminario Teológico Alianza introdujo un nuevo curso llamado "Teología de Encuentro de Poder." Regresé a inscribirme a ese curso de una semana y aprendí algunos principios que iban de acuerdo con lo que estaba experimentando mientras apropiaba mi autoridad en Cristo.

Curiosamente, a principio de la década de los años 2000, regresé al Seminario Teológico Alianza como profesor de Estudios Interculturales, y empecé a enseñar "Teología de Encuentro de Poder." En ese tiempo, usé muchos libros de Charles Kraft, también de Fuller, para las clases que enseñaba. El libro de Kraft *Detrás de las Lineas Enemigas*, ha estado constante en mi plan de estudios para las clases de encuentro de poder. Kraft también escribió otro libro de la autoridad del creyente, *Te doy Autoridad* (que no usé para los cursos que enseñé porque considero *La Autoridad del Creyente* de MacMillan un clásico). Leí el libro de Kraft sobre autoridad espiritual después de completar este libro y me di cuenta al leerlo de cuánto estoy en la corriente de Fuller y cuánto las palabras de Kraft se han vuelto parte de mi mentalidad. Aunque no conozco personalmente a los oradores centrales de la tradición de Fuller, siento una aguda afinidad experimental y en teología práctica con el-los. Siento que estoy parado en sus hombros.

En respuesta al movimiento Fuller, muchos profesores y autores iniciaron una reacción anticarismática contra las nociones del Encuentro de Poder. La iglesia norteamericana en general ha abrazado completamente las nociones culturales de secularismo, con sus explicaciones naturalistas de los fenómenos diarios. La iglesia también desarrolló una teología con un "tercero excluido" (noción introducida por Charles Kraft, que describe la destitución de la existencia de otros seres espirituales aparte de Dios por la corriente principal del pensamiento religioso), mientras que los recién llegados a Los Estados Unidos reintrodujeron conceptos de una actividad espiritual que venía directamente de otros poderes espirituales y no de el Dios Todopoderoso. Los teólogos se encontraron en una rígida dicotomía—ya sea evangélica (la Palabra) o carismática (el Poder). Curiosamente, muchos teólogos globales fueron entrenados en instituciones teológicas que han sido establecidas por los occidentales sin una teología práctica de cómo lidiar con las estructuras de poder. Me he topado con este vacio de poder en muchas partes del mundo. Cuando enseño de autoridad espiritual en estos contextos, los creyentes son facultados con un nuevo nivel de resistencia pro-activa en el mundo en el cual viven.

Este vacío de poder en medio de los seguidores de

Cristo Biblio-creyentes creó el espacio para una nueva enseñanza que trató de ser un puente entre el punto de vista post-ilustración bíblico y el punto de vista secular. El intento de incorporar el mundo de Jesús y sus seguidores inmediatos con el mundo contemporáneo naturalizado fue bien intencionado, pero todavía plagado con el temor de ser percibido como arcaico y carente de sofisticación.

El más notable entre los que tratan de conectar las dos visiones del mundo ha sido Neil Anderson, quien se adhirió a la noción "encuentro verdadero" (*Rompiendo las Cadenas*). El método de Anderson estaba bien fundamentado en un entendimiento que reintrodujo a los seguidores de Cristo a su posición Cristo-fundamentada y la autoridad para hacer retroceder las tinieblas de su propia vida y de su alrededor. En su descripción, lo que se necesitaba era un Encuentro Verdadero—un cambio de mentalidad—no un Encuentro de Poder. Sus intenciones eran buenas, pienso que efectivas, aunque creó una falsa doctrina. El Encuentro de Poder y el Encuentro de Verdad, son aspectos de la misma declaración en el nombre de Jesús. Cuando leo a Anderson, escucho Encuentro de Poder, aunque él le llame Encuentro de Verdad y dice que el poder no es necesario. La Verdad es poder.

Yo sugeriría que Anderson estaba haciendo una acomodación del "tercero excluido" de los teólogos occidentales y una contextualización sobreextendida a los valores de la cultura estadounidense. Lo bueno que ha salido de todo esto es que muchos seguidores de Cristo han aplicado el método de *Rompiendo las Cadenas* y han encontrado la libertad al tomar autoridad sobre las mentiras de Satanás que se habían vuelto parte de lo que asumieron como su realidad. Anderson facultó a los creyentes para pararse firmes en su autoridad posicional basada en lo que Dios declara acerca de nosotros en vez de lo que el enemigo de nuestra alma y nuestro acusador susurra en nuestras mentes. La limitación de la perspectiva de Anderson es que a veces se necesita más que sólo cambiar nuestra mentalidad; a veces necesitamos resistir fuerzas externas que traen más en contra nuestra que sólo malos pensamientos.

Yo creo que el verdadero puente entre encuentro de poder y encuentro verdadero está en la noción de **encuentro de autoridad**. La Verdad aplicada sin autoridad es sólo un precepto—"conocimiento sin poder." El Poder siempre está limitado a quien sostiene más poder en algún momento dado, pero la autoridad triunfa sobre el poder. Todos estamos enganchados en un Encuentro de Autoridad diario. La verdad de la Palabra de Dios y la iluminación y el poder del Espíritu Santo se convierten en las barreras de protección para usar esta autoridad correctamente, sagazmente, y sin miedo.

Finalmente, estoy agradecido de haber tenido la oportunidad de practicar el ministerio pastoral en New Jersey y Connecticut, el ministerio misionero en Francia y Malí, el ministerio de maestro en el Seminario Teológico Alianza en Nueva York, y el ministerio itinerante en muchos países alrededor del mundo. En estos lugares, he tenido la oportunidad de mostrar y enseñar sobre este tema al punto de que se ha convertido en una parte integral de quien soy como persona. En esos múltiples lugares, he visto lo que pasa cuando los seguidores de Cristo toman su posición en serio. La transformación de sus vidas, y su estímulo para escribir este libro, ha mantenido el fuego ardiendo durante el proceso.

Estoy agradecido con cada uno de los que han tomado parte en moldear quien soy hoy—en Cristo, con autoridad, asociado con Él, ¡para ver al rey glorificado y el reino avanzar!

> Y a Aquel que es poderoso para hacer todas las cosas mucho más abundantemente de lo que pedimos o entendemos, según el poder que actúa en nosotros, a él sea gloria en la iglesia en Cristo Jesús por todas las edades, por los siglos de los siglos. Amén.
>
> (Efesios 3:20-21)

Identidad en Cristo

Parte del proceso de caminar en nuestra autoridad es establecer en nuestras mentes un entendimiento claro y acentuado de nuestra posición en Cristo. La identidad que adoptamos moldea nuestra forma de actuar en este mundo. El pensamiento correcto vencerá a los sentimientos que hablan en contra de nuestra identidad, a las circunstancias que parecen pararse al frente de las promesas de Dios para nosotros, e incluso a la voz acusadora del enemigo de nuestra alma.

Ser un seguidor de Cristo habla de una transformación interna que tiene ramificaciones externas. Siendo hijos de luz, necesitamos practicar las declaraciones de luz que Dios ha dicho sobre nosotros en Su Palabra hasta que se conviertan en nuestro propio patrón de pensamiento. Los místicos antiguos se refirieron a ello como la Cristo-vida. Mientras nos aferramos a esta nueva identidad en Cristo, ella aumentará nuestro sentido de vivir externamente lo que ya somos declarado a ser en Cristo.

Algunos de nosotros necesitamos la disciplina de ensayar verbalmente las siguientes declaraciones de las escrituras hasta que nuestro corazón realmente las tenga como verdad. Yo encuentro que la declaración verbal es esencial—es la palabra que comanda. Algunas personas también pueden encontrar útil el hacer estas declaraciones mirandose en un espejo. Yo recomiendo seguir esta práctica todos los días hasta que estas declaraciones se vuelvan personales—y personalizadas—y no sólo para los seguidores de Cristo en general.

He escuchado a algunas personas disolver esto a una simple psicología popular. Mi respuestas es que esta es teología antigua. El apóstol Pablo en Romanos 12:2, escribe,

No os conforméis a este siglo, sino transformaos por medio de la renovación de vuestro entendimiento, para que comprobéis cuál sea la buena voluntad de Dios, agradable y perfecta.

Te animo a que uses las siguientes declaraciones verdaderas de las Escrituras para reafirmar tu identidad en Cristo, y luego vivir esa identidad de adentro para afuera.

Quien Soy en Cristo...

Soy Aceptado

Soy hijo de Dios.

Juan 1:12: *Mas a todos los que le recibieron, a los que creen en su nombre, les dio potestad de ser hechos hijos de Dios.*

Soy amigo de Cristo.

Juan 15:15: *Ya no os llamaré siervos, porque el siervo no sabe lo que hace su señor; pero os he llamado amigos, porque todas las cosas que oí de mi Padre, os las he dado a conocer.*

He sido justificado.

Romanos 5:1: *Justificados, pues, por la fe, tenemos paz para con Dios por medio de nuestro Señor Jesucristo.*

Soy un hijo o una hija de Dios; Dios es mi Padre espiritual.

Romanos 8:14-15: *Porque todos los que son guiados por el Espíritu de Dios, éstos son hijos de Dios. Pues no habéis recibido el espíritu de esclavitud para estar otra vez en temor, sino que habéis recibido el espíritu de adopción, por el cual clamamos: ¡Abba, Padre!*

Gálatas 4:6: *Y por cuanto sois hijos, Dios envió a vuestros corazones el Espíritu de su Hijo, el cual clama: ¡Abba, Padre!*

Soy coheredero con Cristo, comparto su herencia con él.

Romanos 8:17: *Y si hijos, también herederos; herederos de Dios y coherederos con Cristo, si es que padecemos juntamente con él, para que juntamente con él seamos glorificados.*

Estoy unido con el Señor, y soy un espíritu con Él.

1 Corintios 6:17: *Pero el que se une al Señor, un espíritu es con él.*

He sido comprado por un precio. Le pertenezco a Dios.

1 Corintios 6:20: *Porque habéis sido comprados por precio; glorificad, pues, a Dios en vuestro cuerpo y en vuestro espíritu, los cuales son de Dios.*

Soy un miembro del cuerpo de Cristo.

1 Corintios 12:27: *Vosotros, pues, sois el cuerpo de Cristo, y miembros cada uno en particular.*

Soy un santo.

Efesios 1:1: *Pablo, apóstol de Jesucristo por la voluntad de Dios, a los santos y fieles en Cristo Jesús que están en Éfeso.*

He sido adoptado como hijo de Dios.

Efesios 1:5: *Habiéndonos predestinado para ser adoptados hijos suyos por medio de Jesucristo, según el puro afecto de su voluntad.*

Tengo acceso directo a Dios por medio del Espíritu Santo.

Efesios 2:18: *Porque por medio de él los unos y los otros tenemos entrada por un mismo Espíritu al Padre.*

Soy conciudadano con la demás familia de Dios.

Efesios 2:19: *Así que ya no sois extranjeros ni advenedizos, sino conciudadanos de los santos, y miembros de la familia de Dios.*

He sido redimido y perdonado de todos mis pecados.
Colosenses 1:14: *En quien tenemos redención por su sangre, el perdón de pecados*

Estoy completo en Cristo.
Colosenses 2:10: *Y vosotros estáis completos en él, que es la cabeza de todo principado y potestad.*

Soy un hijo de la luz y no de las tinieblas.
1 Tesalonisenses 5:5: *Porque todos vosotros sois hijos de luz e hijos del día; no somos de la noche ni de las tinieblas.*

Soy un hijo de Dios, y seré semejante a Cristo cuando él regrese.
1 Juan 3:1-2: *Mirad cuál amor nos ha dado el Padre, para que seamos llamados hijos de Dios; por esto el mundo no nos conoce, porque no le conoció a él. Amados, ahora somos hijos de Dios, y aún no se ha manifestado lo que hemos de ser; pero sabemos que cuando él se manifieste, seremos semejantes a él, porque le veremos tal como él es.*

Estoy Seguro

Soy un siervo de la justicia.
Romanos 6:18: *Y libertados del pecado, vinisteis a ser siervos de la justicia.*

Estoy ligado a Dios.

Romanos 6:22: *Mas ahora que habéis sido libertados del pecado y hechos siervos de Dios, tenéis por vuestro fruto la santificación, y como fin, la vida eterna.*

Estoy libre de condenación.

Romanos 8:1-2: *Ahora, pues, ninguna condenación hay para los que están en Cristo Jesús, los que no andan conforme a la carne, sino conforme al Espíritu. Porque la ley del Espíritu de vida en Cristo Jesús me ha librado de la ley del pecado y de la muerte.*

Romanos 8:31-34: *¿Qué, pues, diremos a esto? Si Dios es por nosotros, ¿quién contra nosotros? El que no escatimó ni a su propio Hijo, sino que lo entregó por todos nosotros, ¿cómo no nos dará también con él todas las cosas? ¿Quién acusará a los escogidos de Dios? Dios es el que justifica. ¿Quién es el que condenará? Cristo es el que murió; más aún, el que también resucitó, el que además está a la diestra de Dios, el que también intercede por nosotros.*

Estoy seguro que todas las cosas ayudan para bien.

Romanos 8:28: *Y sabemos que a los que aman a Dios, todas las cosas les ayudan a bien, esto es, a los que conforme a su propósito son llamados.*

No puedo ser separado del amor de Dios.

Romanos 8:35-39: *¿Quién nos separará del amor de Cristo? Tribulación , o angustia, o persecución, o hambre, o des-*

nudez, o peligro, o espada? Como está escrito: Por causa de ti somos muertos todo el tiempo;somos contados como ovejas de matadero. Antes, en todas estas cosas somos más que vencedores por medio de aquel que nos amó. Por lo cual estoy seguro de que ni la muerte, ni la vida, ni ángeles, ni principados, ni potestades, ni lo presente, ni lo porvenir, ni lo alto, ni lo profundo, ni ninguna otra cosa creada nos podrá separar del amor de Dios, que es en Cristo Jesús Señor nuestro.

He sido confirmado, ungido, y sellado por Dios.

2 Corintios 1:21-22: *Y el que nos confirma con vosotros en Cristo, y el que nos ungió, es Dios, el cual también nos ha sellado, y nos ha dado las arras del Espíritu en nuestros corazones.*

Soy una nueva criatura.

2 Corintios 5:17: De modo que si alguno está en Cristo, nueva criatura es; las cosas viejas pasaron; he aquí todas son hechas nuevas.

Soy prisionero de Cristo.

Efesios: 3:1, 4:1: Por esta causa yo Pablo, prisionero de Cristo Jesús por vosotros los gentiles…Yo pues, preso en el Señor, os ruego que andéis como es digno de la vocación con que fuisteis llamados.

Estoy confiado que la buena obra que Dios ha empezado en mí será perfeccionada.

Filipenses 1:6: *Estando persuadido de esto, que el que co-*

menzó en vosotros la buena obra, la perfeccionará hasta el día de Jesucristo.

Soy ciudadano del cielo.

Filipenses 3:20: *Mas nuestra ciudadanía está en los cielos, de donde también esperamos al Salvador, al Señor Jesucristo.*

Estoy escondido con Cristo en Dios.

Colosenses 3:3: *Porque habéis muerto, y vuestra vida está escondida con Cristo en Dios.*

Soy escogido de Dios, santo y amado.

Colosenses 3:12: *Vestíos, pues, como escogidos de Dios, santos y amados, de entrañable misericordia, de benignidad, de humildad, de mansedumbre, de paciencia.*

1 Tesalonisenses 1:4: *Porque conocemos, hermanos amados de Dios, vuestra elección.*

Soy participante del llamado celestial.

Hebreos 3:1: *Por tanto, hermanos santos, participantes del llamamiento celestial, considerad al apóstol y sumo sacerdote de nuestra profesión, Cristo Jesús.*

Soy participante de Cristo; comparto su vida.

Hebreos 3:14: *Porque somos hechos participantes de Cristo, con tal que retengamos firme hasta el fin nuestra confianza del principio.*

Puedo encontrar gracia y misericordia en mi tiempo de

necesidad.

Hebreos 4:16: *Acerquémonos, pues, confiadamente al trono de la gracia, para alcanzar misericordia y hallar gracia para el oportuno socorro.*

Soy piedra viva de Dios, siendo edificado en Cristo como casa espiritual.

1 Pedro 2:5: *Vosotros también, como piedras vivas, sed edificados como casa espiritual y sacerdocio santo, para ofrecer sacrificios espirituales aceptables a Dios por medio de Jesucristo.*

Soy peregrino y extranjero en este mundo en el cual vivo temporalmente.

1 Pedro 2:11: *Amados, yo os ruego como a extranjeros y peregrinos, que os abstengáis de los deseos carnales que batallan contra el alma.*

Soy enemigo del diablo.

1 Pedro 5:8: *Sed sobrios, y velad; porque vuestro adversario el diablo, como león rugiente, anda alrededor buscando a quien devorar.*

Soy nacido de Dios, y el maligno no puede tocarme.

1 Juan 5:18: *Sabemos que todo aquel que ha nacido de Dios, no practica el pecado, pues Aquel que fue engendrado por Dios le guarda, y el maligno no le toca.*

Soy Importante

Soy la sal de la tierra y la luz del mundo.

Mateo 5:13-14: *Vosotros sois la sal de la tierra; pero si la sal se desvaneciere, ¿con qué será salada? No sirve más para nada, sino para ser echada fuera y hollada por los hombres. Vosotros sois la luz del mundo; una ciudad asentada sobre un monte no se puede esconder.*

Soy un pámpano de la vid verdadera, un canal de Su vida.

Juan 15:1-5: *Yo soy la vid verdadera, y mi Padre es el labrador…Yo soy la vid, vosotros los pámpanos; el que permanece en mí, y yo en él, éste lleva mucho fruto; porque separados de mí nada podéis hacer.*

He sido escogido y puesto para llevar fruto.

Juan 15:16: *No me elegisteis vosotros a mí, sino que yo os elegí a vosotros, y os he puesto para que vayáis y llevéis fruto, y vuestro fruto permanezca; para que todo lo que pidiereis al Padre en mi nombre, él os lo dé.*

Soy un testigo personal de Cristo.

Hechos 1:8: *Pero recibiréis poder, cuando haya venido sobre vosotros el Espíritu Santo, y me seréis testigos en Jerusalén, en toda Judea, en Samaria, y hasta lo último de la tierra.*

Soy colaborador de Dios.

1 Corintios 3:9: *Porque nosotros somos colaboradores de Dios, y vosotros sois labranza de Dios, edificio de Dios.*

2 Corintios 6:1: *Así, pues, nosotros, como colaboradores suyos, os exhortamos también a que no recibáis en vano la gracia de Dios.*

Soy templo de Dios—morada de Dios. Su Espíritu y Su vida moran en mí.

1 Corintios 3:16: *¿No sabéis que sois templo de Dios, y que el Espíritu de Dios mora en vosotros?*

1 Corintios 6:19: *¿O ignoráis que vuestro cuerpo es templo del Espíritu Santo, el cual está en vosotros, el cual tenéis de Dios, y que no sois vuestros?*

Estoy reconciliado con Dios y soy un ministro de reconciliación para Dios.

2 Corintios 5:17-21: *De modo que si alguno está en Cristo, nueva criatura es; las cosas viejas pasaron; he aquí todas son hechas nuevas. Y todo esto proviene de Dios, quien nos reconcilió consigo mismo por Cristo, y nos dio el ministerio de la reconciliación; que Dios estaba en Cristo reconciliando consigo al mundo, no tomándoles en cuenta a los hombres sus pecados, y nos encargó a nosotros la palabra de la reconciliación. Así que, somos embajadores en nombre de Cristo, como si Dios rogase por medio de nosotros; os rogamos en nombre de Cristo: Reconciliaos con Dios. Al que no conoció pecado, por nosotros lo hizo pecado, para que nosotros fuésemos hechos justicia de Dios en él.*

Estoy sentado con Cristo en los lugares celestiales.

Efesios 2:6: *Y juntamente con él nos resucitó, y asimismo nos hizo sentar en los lugares celestiales con Cristo Jesús.*

Soy hechura de Dios, obra de Sus manos, nacido de nuevo en Cristo para hacer Su obra.

Efesios 2:10: *Porque somos hechura suya, creados en Cristo Jesús para buenas obras, las cuales Dios preparó de antemano para que anduviésemos en ellas.*

Puedo acercarme a Dios con libertad y confianza.

Efesios 3:12: *En quien tenemos seguridad y acceso con confianza por medio de la fe en él.*

Soy justo y santo.

Efesios 4:24: *Y vestíos del nuevo hombre, creado según Dios en la justicia y santidad de la verdad.*

Puedo hacer todas las cosas en Cristo que me da fuerza.

Filipenses 4:13: *Todo lo puedo en Cristo que me fortalece.*

Soy miembro de un pueblo santo, un pueblo que le pertenece a Dios.

1 Pedro 2:9-10: *Mas vosotros sois linaje escogido, real sacerdocio, nación santa, pueblo adquirido por Dios, para que anunciéis las virtudes de aquel que os llamó de las tinieblas a su luz admirable; vosotros que en otro tiempo no erais pueblo, pero que ahora sois pueblo de Dios; que en otro tiempo no*

habíais alcanzado misericordia, pero ahora habéis alcanzado misericordia.

Yo no soy el gran "yo soy," pero por la gracia de Dios, soy lo que soy.

Exodo 3:14: *Y respondió Dios a Moisés: YO SOY EL QUE SOY. Y dijo: Así dirás a los hijos de Israel: YO SOY me envió a vosotros.*

Juan 8:24: *Por eso os dije que moriréis en vuestros pecados; porque si no creéis que yo soy, en vuestros pecados moriréis.*

Juan 8:28: *Les dijo, pues, Jesús: Cuando hayáis levantado al Hijo del Hombre, entonces conoceréis que yo soy, y que nada hago por mí mismo, sino que según me enseñó el Padre, así hablo.*

Juan 8:58: *Jesús les dijo: De cierto, de cierto os digo: Antes que Abraham fuese, yo soy.*

1 Corintios 15:10: *Pero por la gracia de Dios soy lo que soy; y su gracia no ha sido en vano para conmigo, antes he trabajado más que todos ellos; pero no yo, sino la gracia de Dios conmigo.*

Debido a que estoy en Cristo, por la gracia de Dios...

He sido justificado—completamente perdonado y hecho justo.

Romanos 5:1: *Justificados, pues, por la fe, tenemos paz para con Dios por medio de nuestro Señor Jesucristo.*

He muerto con Cristo y muerto al dominio del pecado sobre mi vida.

Romanos 6:1-6: *¿Qué, pues, diremos? ¿Perseveraremos en el pecado para que la gracia abunde? En ninguna manera. Porque los que hemos muerto al pecado, ¿cómo viviremos aún en él? ¿O no sabéis que todos los que hemos sido bautizados en Cristo Jesús, hemos sido bautizados en su muerte? Porque somos sepultados juntamente con él para muerte por el bautismo, a fin de que como Cristo resucitó de los muertos por la gloria del Padre, así también nosotros andemos en vida nueva. Porque si fuimos plantados juntamente con él en la semejanza de su muerte, así también lo seremos en la de su resurrección; sabiendo esto, que nuestro viejo hombre fue crucificado juntamente con él, para que el cuerpo del pecado sea destruido, a fin de que no sirvamos más al pecado.*

Soy libre de condenación por siempre.

Romanos 8:1: *Ahora, pues, ninguna condenación hay para los que están en Cristo Jesús, los que no andan conforme a la carne, sino conforme al Espíritu.*

He sido puesto en Cristo por la obra de Dios.

1 Corintios 1:30: *Mas por él estáis vosotros en Cristo Jesús, el cual nos ha sido hecho por Dios sabiduría, justificación, santificación y redención.*

He recibido el Espíritu de Dios en mi vida para saber lo que Dios me ha concedido.

1 Corintios 2:12: *Y nosotros no hemos recibido el espíritu del mundo, sino el Espíritu que proviene de Dios, para que sepamos lo que Dios nos ha concedido.*

Se me ha dado la mente de Cristo.

1 Corintios 2:16: *Porque ¿quién conoció la mente del Señor? ¿Quién le instruirá? Mas nosotros tenemos la mente de Cristo.*

He sido comprado por precio; no me pertenezco; le pertenezco a Dios.

1 Corintios 6:19-20: *¿O ignoráis que vuestro cuerpo es templo del Espíritu Santo, el cual está en vosotros, el cual tenéis de Dios, y que no sois vuestros? Porque habéis sido comprados por precio; glorificad, pues, a Dios en vuestro cuerpo y en vuestro espíritu, los cuales son de Dios.*

He sido afirmado, ungido, y sellado por Dios en Cristo, y he recibido el Espíritu Santo como las arras que garantizan nuestra herencia futura.

2 Corintios 1:21-22: *Y el que nos confirma con vosotros en Cristo, y el que nos ungió, es Dios, el cual también nos ha sellado, y nos ha dado las arras del Espíritu en nuestros corazones.*

Efesios 1:13-14: *En él también vosotros, habiendo oído la palabra de verdad, el evangelio de vuestra salvación, y habiendo creído en él, fuisteis sellados con el Espíritu Santo de la promesa, que es las arras de nuestra herencia hasta la redención de la posesión adquirida, para alabanza de su gloria.*

Debido a que he muerto, ya no vivo para mí sino para Cristo.

2 Corintios 5:14-15: *Porque el amor de Cristo nos constriñe, pensando esto: que si uno murió por todos, luego todos murieron; y por todos murió, para que los que viven, ya no vivan para sí, sino para aquel que murió y resucitó por ellos.*

Fui hecho justicia.

2 Corintios 5:21: *Al que no conoció pecado, por nosotros lo hizo pecado, para que nosotros fuésemos hechos justicia de Dios en él.*

He sido crucificado con Cristo, ya no vivo yo sino Cristo vive en mí. La vida que ahora vivo es la vida de Cristo.

Gálatas 2:20: *Con Cristo estoy juntamente crucificado, y ya no vivo yo, más vive Cristo en mí; y lo que ahora vivo en la carne, lo vivo en la fe del Hijo de Dios, el cual me amó y se entregó a sí mismo por mí.*

He sido bendecido con toda bendición espiritual.

Efesios 1:3: *Bendito sea el Dios y Padre de nuestro Señor Jesucristo, que nos bendijo con toda bendición espiritual en los lugares celestiales en Cristo.*

Fui escogido en Cristo desde antes de la fundación del mundo para ser santo y sin mancha delante de Él.

Efesios 1:4: *Según nos escogió en él antes de la fundación del mundo, para que fuésemos santos y sin mancha delante de él.*

Fui predestinado—determinado por Dios—para ser adoptado como su Hijo.

Efesios 1:5: *En amor habiéndonos predestinado para ser adoptados hijos suyos por medio de Jesucristo, según el puro afecto de su voluntad.*

He sido redimido y perdonado, y soy un recipiente de su gracia abundante.

Efesios 1:7-8: *En quien tenemos redención por su sangre, el perdón de pecados según las riquezas de su gracia, que hizo sobreabundar para con nosotros en toda sabiduría e inteligencia.*

Tengo vida con Cristo.

Efesios 2:5: *Aun estando nosotros muertos en pecados, nos dio vida juntamente con Cristo (por gracia sois salvos).*

He sido levantado y sentado con Cristo en el Cielo.

Efesios 2:6: *Y juntamente con él nos resucitó, y asimismo nos hizo sentar en los lugares celestiales con Cristo Jesús.*

Tengo acceso directo a Dios por medio del Espíritu.

Efesios 2:18: *Porque por medio de él los unos y los otros tenemos entrada por un mismo Espíritu al Padre.*

Puedo acercarme a Dios con atrevimiento, libertad y confianza.

Efesios 3:12: *En quien tenemos seguridad y acceso con confianza por medio de la fe en él.*

He sido rescatado del dominio de Satanas y transferido al reino de Cristo.

Colosenses 1:13: *El cual nos ha librado de la potestad de las tinieblas, y trasladado al reino de su amado Hijo.*

He sido redimido y perdonado por todos mis pecados. Mi deuda fue cancelada.

Colosenses 1:14: *En quien tenemos redención por su sangre, el perdón de pecados.*

El mismo Cristo esta en mí.

Colosenses 1:27: *A quienes Dios quiso dar a conocer las riquezas de la gloria de este misterio entre los gentiles; que es Cristo en vosotros, la esperanza de gloria.*

Estoy firmemente arraigado en Cristo y estoy siendo sobreedificado en él.

Colosenses 2:7: *Arraigados y sobreedificados en él, y confirmados en la fe, así como habéis sido enseñados, abundando en acciones de gracias.*

Estoy completo en Cristo.

Colosenses 2:10: *Y vosotros estáis completos en él, que es la cabeza de todo principado y potestad.*

He sido circuncidado espiritualmente.

Colosenses 2:11: *En él también fuisteis circuncidados con circuncisión no hecha a mano, al echar de vosotros el cuerpo pecaminoso carnal, en la circuncisión de Cristo.*

He sido sepultado, levantado y resucitado con Cristo.

Colosenses 2:12-13: *Sepultados con él en el bautismo, en el cual fuisteis también resucitados con él, mediante la fe en el poder de Dios que le levantó de los muertos. Y a vosotros, estando muertos en pecados y en la incircuncisión de vuestra carne, os dio vida juntamente con él, perdonándoos todos los pecados.*

He muerto con Cristo, y he sido levantado con Cristo. Mi vida ahora esta escondida con Cristo en Dios. Cristo es ahora mi vida.

Colosenses 3:1-4: *Si, pues, habéis resucitado con Cristo, buscad las cosas de arriba, donde está Cristo sentado a la diestra de Dios. Poned la mira en las cosas de arriba, no en las de la tierra. Porque habéis muerto, y vuestra vida está escondida con Cristo en Dios. Cuando Cristo, vuestra vida, se manifieste, entonces vosotros también seréis manifestados con él en gloria.*

Se me ha dado un espíritu de poder, amor, y dominio propio.

2 Timoteo 1:7: *Porque no nos ha dado Dios un espíritu de cobardía, sino de poder, de amor y de dominio propio.*

Soy Salvo y he sido apartado de acuerdo con la obra de Dios.

2 Timoteo 1:9: *Quien nos salvó y llamó con llamamiento santo, no conforme a nuestras obras, sino según el propósito suyo y la gracia que nos fue dada en Cristo Jesús antes de los tiempos de los siglos.*

Tito 3:5: *Nos salvó, no por obras de justicia que nosotros hubiéramos hecho, sino por su misericordia, por el lavamiento de la regeneración y por la renovación en el Espíritu Santo.*

Debido a que soy santificado y soy uno con el Santificador, Él no se avergüenza de llamarme hermano.

Hebreos 2:11: *Porque el que santifica y los que son santificados, de uno son todos; por lo cual no se avergüenza de llamarlos hermanos.*

Tengo derecho de acercarme ante el trono de Dios para encontrar misericordia y gracia en tiempo de necesidad.

Hebreos 4:16: *Acerquémonos, pues, confiadamente al trono de la gracia, para alcanzar misericordia y hallar gracia para el oportuno socorro.*

Dios me ha dado grandísimas y preciosas promesas por las cuales participo de la naturaleza divina de Dios.

2 Pedro 1:4: *Por medio de las cuales nos ha dado preciosas y grandísimas promesas, para que por ellas llegaseis a ser participantes de la naturaleza divina, habiendo huido de la corrupción que hay en el mundo a causa de la concupiscencia.*

La lista de la declaración de Identidad en Cristo ha estado circulando en varios formatos durante algunos años. He coleccionado las declaraciones de varias fuentes. Reconozco que la última lista, "Debido a que estoy en Cristo...," viene del trabajo de Neil Anderson. Neil ha escrito un excelente libro que refuerza la importancia de tomar nuestra posición en la vida basado en nuestra identidad en Cristo; *Victoria Sobre la Oscuridad: Reconoce el Poder de Tu Identidad en Cristo.*

El Reino de Dios

En el centro del mensaje de Jesús estaba la idea del reino de Dios. Al principio de su ministerio el anunció, "El reino de Dios se ha acercado" (Marcos 1:15, Lucas 4:18-19, 43). La Teología del reino es importante como trasfondo para un entendimiento de la importancia de la autoridad espiritual. Se hace referencia a este reino usando diferentes expresiones en en el Nuevo Testamento: El reino de Dios (52 veces), el reino de los cielos (34 veces), reino (10 veces), reino de Cristo, reino del hijo del hombre, reino de Su hijo amado, y Jesús se refiere a él como "mi reino" o "el reino de mi Padre." Algunos autores han tratado de crear teologías complicadas utilizando las diferentes derivaciones del nombre, pero eso es una deficiente erudición bíblica. Cada una se refiere a la misma cosa: El gobierno de Dios.

Cuando Jesús llegó a la tierra, había una expectativa y esperanza para que el gobierno de Dios invadiera los reinos del mundo. Así que cuando Jesús habló del reino, muchos de sus oyentes se emocionaron pero sostuvieron una percepción diferente a la de Jesús de cómo sería el reino. Mucha gente lo consideró como el día que Dios vendría y restauraría a Su pueblo Israel como una nación unificada

Aspectos del Reino

Una Demanda Básica: Arrepentirse (Mt. 3:2, 8 y 18:1-4)
Un llamado Esencial: Buscar (Mt. 6:33, Ro. 14:17)
Una Identidad Comprensiva: Servidumbre
(Mc. 9:35, Mt. 20:25-28, Jn. 12:26)
Un Recurso Interminable: El Espíritu Santo (Jn. 7:37-39)

geográfica y políticamente (Juan 6:15, Hechos 1:6). Otros lo vieron como el final de la era presente, cuando Dios crearía un nuevo mundo en el cual la maldad, los demonios, la enfermedad y la muerte serían vencidos. Sin embargo, Jesús tenía una visión del reino más marcada y espiritual.

Jesús remarcó cuatro aspectos del reino. Primero, es una realidad espiritual presente (Marcos 1:14-15), y vista en la demostración o manifestación del camino de Dios superpuesto sobre los caminos de este mundo. Segundo, es una esfera de autoridad en la cual Sus seguidores entran (Colosenses 1:13) y luego toman consigo (Lucas 17:20-21). Tercero, es una fuerza muy pequeña y casi imperceptible (Lucas 13:18-21), como la levadura que de repente se apodera de toda la masa. Finalmente, aunque es un reino que se experimenta ya; es una herencia que Dios dará por completo a Su pueblo en el futuro (Mateo 25:34). Es el reino "ya-y-aún-no." En todas estas descripciones hay un aire de misterio. El reino de Dios toca cada aspecto de nuestra vida y no obstante es elusivo debido a su realidad no-política y no-geográfica.

En resumen, el reino de Dios es el señorío de Dios en mi vida diaria. Al someterme a Sus caminos, Su gobierno viene a reinar sobre mi vida y luego a través de mi vida. Más adelante participo en superponer Su señorío en la estructura rota del mundo. Un estudio a fondo del reino de Dios sería valioso para entender mejor el concepto de autoridad espiritual.

Los siguientes textos pueden ser muy útiles para desarrollar una teología bíblica del reino.

(1) Naturaleza del reino de Dios

Hebreos 12:28
Colosenses 1:13
1 Corintios 4:20
Romanos 14:17
Juan 18:36
Lucas 17:20, 21
2 Pedro 1:11
1 Corintios 15:50
Lucas 4:18, 19

(2) Membresía en el reino de Dios.
Mateo 5:20

Mateo 7:21

Juan 3:3

Juan 3:5

Mateo 18:1-4

Marcos 10:15

Marcos 1:15

(3) El Rey del reino.

Hebreos 13:8

Apocalipsis 17:14

Mateo 21:5

1 Timoteo 1:17

Lucas 1:31-33

Apocalipsis 19:11-16

Juan 18:37

Las siguientes fuentes pueden ser útiles para desarrollar aún más una teología del reino de Dios.

John Bright, *El Reino de Dios*

George Eldon Ladd, *El Evangelio del Reino*

George Eldon Ladd, *Teología del Nuevo Testamento*

Allen Mitso Wakabayashi, *Kingdom Come (El Reino)*

Arthur F. Glasser, ed., *Announcing the Kingdom (Anunciando el Reino)*

APÉNDICE 3

La Lórica de San Patricio

La palabra lórica es en realidad una palabra del Latín que significa "armadura." Esta oración de San Patricio puede ser un medio de gracia para que seas protegido y escudado contra todas las formas de impiedad que surgen del diablo y su reino demoniaco, la carne o el mundo.

Me levanto hoy
Por medio de poderosa fuerza,
la invocación de la Trinidad,
Por medio de creer en sus Tres Personas,
Por medio de confesar la Unidad,
Del Creador de la creación.

Me levanto hoy
Por medio de la fuerza
del nacimiento de Cristo y Su bautismo,
Por medio de la fuerza de Su crucifixión y Su sepulcro,
Por medio de la fuerza de Su descenso por el
juicio de condenación,

Por medio de la fuerza de Su resurrección y
Su ascensión,
Por medio de la fuerza de la expectativa y la esperanza
de Su inminente regreso.
Me levanto hoy
Por medio de la fuerza del amor de Querubines,
En obediencia de Ángeles,
En servicio de Arcángeles,
En la esperanza que la resurrección
encuentra recompensa,
En oraciones de Patriarcas,
En prédicas de Apóstoles,
En fes de confesores,
En inocencia de vírgenes,
En obras de santos justos.

Me levanto hoy
Por medio de la fuerza de Dios que me conduce:
Poder de Dios que me sostiene,
Sabiduría de Dios que me guía,
Mirada de Dios que me vigila,
Oído de Dios que me escucha,
Palabra de Dios que habla por mí,
Mano de Dios que me guarda,
Sendero de Dios tendido frente a mí,
Escudo de Dios que me protege,
Legiones de Dios para salvarme

De trampas del demonio,
De tentaciones de vicios,
De cualquiera que me desee mal,
Lejanos y cercanos, solos o en multitud.

Yo invoco éste día todos estos poderes entre
mí y el malvado,
Contra despiadados poderes que se opongan
a mi cuerpo y alma,
Contra, toda maquinación y plan del reino de las tinieblas,
Contra todas las maldiciones y falsos juicios
dichos y no dichos,
Contra toda acusación y mentira del enemigo,
Contra todo falso acuerdo y alianzas impías,
consciente o inconscientemente,
Contra cualquier conocimiento corruptor
de cuerpo y alma.
¡Cristo escúdame hoy!
Contra cualquier daño a mi cuerpo, alma o espíritu,
Contra cualquier daño a mi familia, terrenal o espiritual,
Contra cualquier daño a las cosas terrenales
que me has llamado a administrar
De tal forma que pueda vivir en la plenitud de tu ben-
dición y abundancia.

Cristo conmigo, Cristo frente a mí, Cristo tras de mí,
Cristo en mí, Cristo debajo de mi, Cristo arriba de mi,

Cristo a mi diestra, Cristo a mi siniestra,
Cristo al descansar, Cristo al sentarme
Cristo al levantarme,
Cristo en el corazón de cada persona que piense en mí,
Cristo en la boca de todos los que hablen de mí,
Cristo en cada ojo que me mira,
Cristo en cada oído que me escucha.

Al avanzar a este día apropio todo esto para mí y
para todos aquellos que están bajo mi autoridad
e influencia.

Me levanto hoy
Por medio de poderosa fuerza, la invocación
de la Trinidad,
Por medio de creer en sus Tres Personas,
Por medio de confesar la Unidad,
Del Creador de la creación.

San Patricio (c. 377), Cambios hechos por
Chuck e Ingrid Davis, 2012.

Cuestionario

CAPÍTULO UNO

1. ¿Has observado en alguna ocasión la autoridad terrenal usada bien para proteger o bendecir la vida de alguien más? Describe los detalles. ¿Cómo te sentiste al respecto?

2. ¿La has visto ser usada de una manera mala o abusiva? ¿Cómo te hizo sentir esa situación?

3. ¿En qué te ayudan los siguientes pasajes para procesar el uso apropiado y el valor de la autoridad en la vida? Marcos 10:42-45; Hebreos 13:17; Santiago 4:7.

4. Haz una lista de pasajes que recuerdas de la Biblia que hablen de la batalla entre los dos reinos—el reino de la luz y el reino de las tinieblas. Considerando cuánto influye esto en la perspectiva bíblica del mundo, ¿Por qué es que esta realidad ha estado tan distante del pensamiento occidental contemporáneo?

5. ¿Tu iglesia habla regularmente o tiene un programa de entrenamiento consistente para enseñar a los seguidores de Cristo qué hacer para combatir el poder del maligno? Si la respuesta es no, ¿Cómo crees que debería ser este programa?

6. El autor da un ejemplo de la invasión nocturna para provocar miedo. ¿Cuándo fue la última vez que presenciaste alguna manifestación maligna en tu entorno inmediato? Describe el escenario. ¿Cómo manejaste esa sensación? ¿Lo compartiste con alguien? Si no lo hiciste ¿por qué no?

CAPÍTULO DOS

1. Revisa la narración de la Creación en Génesis 1-2. Haz una nota de cómo los humanos son llamados a co-crear y gobernar. ¿Qué piensas y sientes cuando escuchas que fuimos creados para tener dominio sobre la creación?

2. Si la noción de autoridad te hace sentir incómodo, revisa la caja de texto en las páginas 24-25. ¿Te ayuda esto a considerar tus suposiciones negativas en cuanto a la autoridad?

3. Si usted fue criado en una cultura basada en la vergüenza, revisa la caja de texto en las páginas 32-33. ¿Puedes nombrar ejemplos específicos en los cuales la autoridad usada de esta manera está en conflicto con la forma en que la Biblia expresa la aplicación de la autoridad?

4. Satanás usurpó la autoridad humana, no la autoridad de Dios. Él se opone a los planes de Dios. Él es sólo un ángel y la autoridad que ejerce viene de Dios. Por eso, él se enfrenta mano a mano con otros seres angelicales y humanos, no con Dios.

¿Este entendimiento te da valor en tu guerra espiritual?

CAPÍTULO TRES

1. Nota como en los Evangelios Jesús declara un nuevo orden en el anunciamiento de la venida del Reino de Dios. ¿Has experimentado alguna demostración del reino por medio de milagros, sanidad, liberación, o reprensión de alguna opresión de las tinieblas? ¿Cuáles son las dinámicas que rodean estas manifestaciones de la autoridad espiritual? ¿Hay alguna situación a tu alrededor que necesite este tipo de intervención? Haz una lista.

2. Reflexiona sobre la progresión de la autoridad espiritual que encontramos a través de las etapas del Cristo-evento: Él opera en autoridad; la crucifixión y la resurrección establecen su autoridad en otro nivel, su ascensión posiciona su autoridad aun más allá. ¿Habías considerado antes el significado de la Ascensión para el creyente? Desarrolla una breve declaración que describe la progresión de Jesús como gobernante. ¿Cuáles son los efectos de Hebreos 10:12-13 en tu vida personal, tu familia y tu iglesia?

3. Revisa la caja de texto "Jesús el Dios-hombre" en las páginas 48-50. ¿Concuerdas con la noción de que Jesús opera con poder por el Espíritu Santo? ¿Qué repercusiones tiene esto en tu propio crecimiento espiritual y aportaciones al reino?

CAPÍTULO CUATRO

1. *Observa de cerca la conexión entre la autoridad posicional de Jesús (Efesios 1:19-23) y la del creyente (Efesios 2:1-6). Esto se describe en las páginas 56-58. ¿Qué sugiere esto con respecto al proceso de lidiar con nuestra propia carne, el mundo y el reino de las tinieblas?*

2. *Hebreos 10:12-13 conecta la autoridad posicional y revelada del rey de vuelta en su trono. ¿Cómo ayudan tus esfuerzos al proceso de dar gloria al rey por medio de este entendimiento?*

3. *¿Cuáles son tus sentimientos, pensamientos o preocupaciones con respecto a tu asignación de gobernar y reinar ahora que has visto lo que Jesús ha reautorizado para ti?*

4. *Lee Juan 14:12-15 y lee el comentario del autor sobre este pasaje en las páginas 53-54. ¿Cómo concuerdan estos pensamientos con los tuyos? ¿Te has fijado si estás viviendo las atrevidas declaraciones de Jesús en este versículo? ¿Qué necesitas ser, hacer, cambiar o ajustar para hacerlas una parte regular de tu realidad?*

CAPÍTULO CINCO

1. *¿Qué tan bien está desarrollada tu teología de sufrimiento? (Páginas 67-69) ¿Cómo te han ayudado las categorías de suf-*

rimiento sugeridas por el autor a procesar tus experiencias con el sufrimiento? ¿Puedes identificar en retrospectiva algunas experiencias que ahora sientes eran dardos del enemigo de tu alma?

2. ¿Sobre quién ejerces tu rol como guardián de la puerta? ¿Quiénes son los guardianes de tu puerta? Desarrolla una lista o un diagrama de tus guardianes para que pienses en el fluir de la autoridad en tu vida. ¿Qué tan bien están siendo operadas esas puertas en este momento? ¿Qué necesitas ser, hacer o ajustar para que se hagan más efectivas?

3. Haz una lista de las áreas de tu vida que puedan necesitar intervención en este momento.

- ¿Qué puertas necesitan cerrarse?
- ¿Qué cobertura no tienes o necesitas restablecer para otros?
- ¿Qué necesita revertirse en tu mundo espiritual o natural?
- ¿Qué provisión o beneficio del reino necesita ser desatado en tu vida o en las circunstancias de alguien cercano a ti?

Ahora toma tu posición con autoridad espiritual y expresa verbalmente el cambio que estás estableciendo en el nombre de Jesús. Da tu testimonio a algún seguidor de Cristo de cómo Dios está cambiando tu situación.

CAPÍTULO SEIS

1. ¿Cuán alineado estás con la voluntad de Dios en cada uno de los *Principios del Reino* que se nombran a continuación? Califícate en una escala de 1 al 10, siendo 10 el mejor.

- *Embajador*
- *Comunidad*
- *Humildad*
- *Amor*
- *Enfoque en el Reino*
- *Plenitud*
- *Autoridad Terrenal*

¿Cuáles son las dos en las que necesitas trabajar más en este punto de tu jornada espiritual? ¿Cómo podrías mejorar esas áreas por lo menos un punto más en la escala? ¿Cuál es la más baja de la lista? ¿Cuál puedes cambiar más fácilmente con sólo tomar alguna decisión o acción? Prepara un plan de acción específico de tres meses y concrétalo en base a lo que descubriste en esta reflexión. Compártelo con un compañero al que le puedas rendir cuentas para que te dé ánimo y compartan sus revelaciones. Ora por ayuda del Espíritu Santo para avanzar.

2. Lee las declaraciones de Dios acerca de ti en Cristo (Apéndice 1). ¿Qué tanto crees que esto sea cierto? O sea, que realmente sientes en lo profundo de tu corazón que no sea solamente con-

sentimiento mental. Si tienes duda, tal vez deberías pronunciarlas sobre ti mismo por unos meses como parte del proceso para cambiar tus pensamiento. John Piper le llama a esta acción predicarle a tu alma. Si realmente dudas, párate frente al espejo y repite tu identidad en Cristo mirándote a los ojos.

CAPÍTULO SIETE

1. La autoridad triunfa sobre el poder. Para que la autoridad sea operacional, necesitamos apropiarla. Es como una tarjeta de débito con saldo. Sólo sirve cuando se procesa un pago. ¿Estás listo para ser pro-activo derribando los reinos de este mundo con el reino de Dios. Si es así, dí la oración de la página 106? Si aún sigues luchando con la idea de la autoridad, pídele a Dios que te muestre los pasos a seguir.

2. Revisa la Lórica de San Patricio en la página 107 y repasa su contenido en el Apéndice 2. ¿Con qué parte te identificas en este momento? Considera orar la Lórica sobre tu vida y tus lugares de influencia todos los días. El diagrama del fluir propuesto en la página 93 puede darte una idea de dónde fluye la autoridad. Toma notas de los cambios que estén sucediendo.

3. Practica ponerte la armadura espiritual. Hazlo con una percepción de la autoridad espiritual. Después de haber hecho esto por unas cuantas semanas, pregúntate, "¿Este ensayo de alistarme para la batalla cambia mi perspectiva y conciencia de las

realidades espirituales durante el dia?

CAPÍTULO OCHO

1. ¿Algunos de los testimonios han resonado con situaciones que has enfrentado en el pasado o que estás enfrentando actualmente? ¿Qué medidas o cambios debes tomar basado en sus historias?

EPÍLOGO

1. Comparte con alguien el testimonio de lo que Dios está haciendo en tu vida al caminar en autoridad espiritual. Observa si este proceso de testificar desata formas frescas de alentar a otros a caminar en su autoridad espiritual.

2. Somos mayordomos de todas las cosas que recibimos en nuestra vida. Ahora eres responsable de administrar tu entendimiento de la autoridad espiritual. ¿Dónde están los lugares más naturales para compartir este entendimiento? Desarrolla tu discurso contundente con cada una de las siguientes preguntas:

a) ¿Qué es la Autoridad Espiritual?
b) ¿Cómo ha cambiado tu vida el entendimiento de la autoridad espiritual?
c) ¿Qué pasos le dirías que tomara a una persona que esté considerando la noción de autoridad espiritual y su aplicación?

Bibliografía

Anderson, Neil. 2000. *Rompiendo las Cadenas*. Harvest House Publisher.

Clinton, Bobby. 1988. *Formación de un Líder*. Colorado Springs: NavPress.

Glasser, Arthur F. 2003. *Announcing the Kingdom: The Story of God's Mission in the Bible (Anunciando el Reino: La Historia de la Misión de Dios en la Biblia)*. Grand Rapids, MI: Baker.

Kraft, Charles H. 1983. *Communication Theory for Christian Witness. (Teoría de Comunicación para Testigos Cristianos)*. Nashvile, TN: Abingdon Books.

Kraft, Charles. 1993. *Heridas Profundas, Sanidad Profunda*. Ann Arbor, MI: Servant Publications.

Kraft, Charles. 1997. *I Give You Authority. (Te Doy Autoridad)*. Grand Rapids, MI: Chosen Brooks.

Kraft, Charles H. with Mark White, ed. 1994. *Behind Enemy Lines. (Detrás de las Líneas Enemigas)*. Eugene, OR: Wipf and Stock Publishers.

Lewis, C.S. 1982. *Cartas del Diablo a su Sobrino*. Nueva York: Bantam Books.

MacMillan, John A. 1997. *La Autoridad del Creyente*. Camp Hill, PA: Christian Publications.

Wakabayashi, Allen Mitsuo. 2003. *Kingdom Come (El Reino)*. Downers Grove, IL: Inter-Varsity Press.

Índice de Referencias Bíblicas

RECONOCIMIENTOS

De la misma manera que he llegado a entender la autoridad espiritual por lo que otras personas han invertido en mi vida, el proceso de publicar esos pensamientos en un libro es el resultado de muchas personas. Hay tres que han sido clave en completar el proceso. Adrienne Daly, has sido un gran recurso como editor pues me escuchaste mientras descubría mi voz escrita. ¡Gracias!

Megan Trank, has sido diligente, minuciosa y complaciente al pasar la materia prima a un libro con formato. ¡Gracias!

Eric Kampmann, has sido el guía y la motivación que me ha ayudado a llegar a publicar mi primer libro. Más allá de tu rol profesional, has sido un amigo de la Palabra conmigo, ayudándome a narrar el testimonio de Dios de muchas maneras frescas. ¡Gracias!

Estoy agradecido con dos personas que han hecho este trabajo accessible a quienes hablan español. Maria Corina Recinos hizo la traducción inicial. Maria gracias por su ardua labor y su buena voluntad en el proceso.

Silvia Picón sometió la traducción a múltiples revisiones para proteger la integridad teológica y la legibilidad del texto. Silvia a leído el texto original en inglés y luego la versión en español más de cinco veces (junto con su esposo Sergio). Silvia gracias por su celo al detalle y esmero para conservar el significado del texto original.

A Maria y Silvia, lo que más aprecio de las dos es como han adoptado el concepto de autoridad espiritual y lo han aplicado a sus situaciones personales.

ACERCA DEL AUTOR

Chuck Davis es el Pastor Principal de la Iglesia Stanwich. Sirvió siete años como Profesor de Estudios Interculturales en el Seminario Teológico Alianza. Se graduó como Doctor en Sociología en la Universidad de Fordham. Antes de ser asignado como maestro, pasó diez años siendo misionero en Malí, Africa. Ha servido activamente en el ministerio vocacional por más de treinta años.

CPSIA information can be obtained
at www.ICGtesting.com
Printed in the USA
LVOW03s1707270717
542652LV00001B/1/P